JN133117

「また会いたい!」と思われる

もっと好きなことができる

パッと見てハッとする
きれいを手に入れる

結果、最高の「売れる私」になる

渡辺ゆきよ

Yukiyo Watanabe

廣済堂出版

はじめに　あなたは、あんなこともこんなこともできる

「あなたの話を聞きたい」と人に思われるのが、「売れる私」

もっと好きなことをして生きていきたい、そう思わない人はいないのではないでしょうか。じつは、「売れる私」になれば、その願いはかないます。

どんな職業であっても、「売れる私」になるとは次のようなものです。

「あなたから買いたい」
「あなたの企画を採用したい」
「あなたと一緒に仕事をしたい」
「あなたにまた会いたい」
「あなたの話を聞きたい」

「あなたのパートナーになりたい」

「あなたを応援したい」

などと相手に思われること。

すると、「稼ぐ人」にもなり、さらには、たとえば「好きな仕事ができる」「世界が広がる仕事ができる」「気の合う仲間と仕事ができる」「裁量度が高く自由自在に働ける」など、あなたの理想の働き方、生き方が実現できます。

そのためのメソッドの内容を、この本ではお伝えしていきます。


私は、25年間、ずっと美容業界の会社にいましたが、現在は独立して、各エステサロンやヘアサロンの人材教育や顧問、講演、女性向けのオンラインサロンなどを行っております。


しかし、美容業界の方にかぎらず、企画職、営業職、飲食業、その他、人に会う仕事の方であれば老若男女に再現性のある、このメソッドを広めたいのです。

私がエステティシャンとして働いていたときには、本当に面白いほど売り上げを記録し、きれいになってよろこんでいただいたお客様になぜか、ネックレスやバッグをいただいたりなんてこともありました（時代の波もありましたもので……）。

そして、気づいたら、多店舗展開をしているエステサロンの最年少取締役となっていました。そんな流れの中で、築き上げたメソッドです。


さて、みなさんは、エステティシャンにとって、いちばん大切なのは、「結果の出るマッサージの技術」だと思われますでしょうか？

しかし、長年この業界にいる私の結論は違います。

「技術」の大切さは2割、あとの8割は「心のあり方」です。

技術は努力すれば、みなさん上達します。

その中で突き抜けて売れる人は、「心のあり方」が違うのです。

今後、ＡＩ（人工知能）が発達して、仮に機械が上手にマッサージするようになっても、「心」までフォローできるのは、人間だけです。だから、「心のあり方」を磨くメソッドは、今も昔も未来も通用するものなのです。

私は研修や講演などでそのことをいろいろな方にお伝えして、実際に成果をあげていただいています。

なおかつ、世の中の人々が、「心のあり方」をきれいにし、目の前の人にひたすらハッピーを与え合えれば、「売れる私」になるだけではなく、世の中は本当に平和になるとイメージしています。

そして、どなたでも稼ぐ力があればもっと好きなことができるのだと。

たとえ女性が結婚していたって、「売れる私」になれば、夫とのトラブルも減るし、自分の子どもにだっていい思いをさせられるのではないでしょうか。

もし、自分の可能性をダメだと決めつけているとしたら、そうしているのは自分。

みなさんに、もうこんなこともあんなこともどんなこともできるんだと思ってもらいたい。

これからのAI時代も強く生き抜いていただきたい。

そのためのメソッドのすべてを、この本に詰め込みました。読んでいただいて、みなさんに無限の可能性を手に入れていただけたらうれしいです。

渡辺ゆきよ

Contents

Chapter 1

心がきれいでなければ稼げません

Chapter 2

「あなたがいい！」と相手に思っていただく会話法

Chapter 3

一瞬でイニシアティブをとる「パッと見てハッとする」きれいとは？

Chapter 4

ちょっとした会話テクニック、お伝えします

Chapter 5

突き抜けた人になる美しい所作

Chapter 1

心がきれいでなければ稼げません

毛穴からハッピーオーラが出ると、「売れる私」になる

「はじめに」でいろいろと偉そうに断言しましたが、何を隠そう、昔の私は誰よりも自分のことが嫌いでした。

けれども、「売れる私」になるためには、「自分を大好きになる」ことが絶対に欠かせません。なぜなら、自分を大好きでないと、他人も大好きになれないからです。

人は誰でも、自分に関心を寄せてくれた相手を好きになります。だから、相手を好きになれば、相手から「あなたに任せたい」「あなたから買いたい」となり、「売れる私」になるのです。

自分で自分を好きになるには、自分の機嫌は自分でとり、とにかく会う人会う人をハッピーにすること。これが「人間力」を上げるということ。

私はいつでも、どうやったら周りと自分に「ハッピー」を増やせるかを考えてい

ます。すると、たとえると毛穴から出るほどのハッピーオーラが出るわけです。

でなければ、お客様や取引先の前でだけ笑顔になっても、それは付け焼き刃であり、なんとなーく相手に伝わってしまうのです。

一方、「重度のアトピー性皮膚炎」「太っている」「毛深い」という女の子からしたらどれひとつとってもコンプレックスになりかねない要素が、子どもの頃から三拍子きっちり揃っていた私は、自分のことを好きになれずに暗い気持ちでずっと過ごしていました。

自分を変えたくて、「きれいになりたい」と思う一心から美容業界に飛び込んだのも、そういう理由があったから。私にとって美容業界とは、ワラにもすがるほど必死の思いで見つけた道だったのです。

「売れる私」になれば自分を丸ごと好きになれる

でも、いざ働いてみると、「自分がきれいになること」より「お客様がきれいになってよろこんでくれること」に充実感を見出し、真剣に仕事に取り組むようになりました。

当時は、時代の追い風や環境に恵まれたおかげもあり、努力した分だけ役職や収入はアップしていきました。つまり、「売れる私」になって、自分のやりたかった仕事ができ、仕事をはじめたときよりずっと「稼ぐ私」になりました。

子どもの頃から、人一倍コンプレックスだらけだった私が、「売れる私」になったことにより、驚くほど短い期間で「自分のことが大好き！」と自信を持って堂々と公言できるほど変貌を遂げたのです。

だからこそ、一人でも多くの方に大きな声でお伝えしたいのです。

「たとえ、今は自分のことが好きになれなくても、『売れる私』になって、ハッピーで満たされれば、あっという間に自分のことが大好きになれるから、絶対に大丈夫」と。

とはいえ、「自分のことを好きになりましょう」と言われても、そうでない人にとって、それが難しいことは、私も経験上わかっています。

ですが、「売れる私」になるのは決して難しいことではありません。なぜなら、ほんの少しの工夫と意識を変えるだけで、すぐに「売れる私」になれることも経験済みだからです。

「売れる私」になって、稼げるようになれば、自然と自分に自信を持てるようになります。そうなったら、昔の「嫌いだった自分」のことも、今の自分のいいところもそうでないところも、丸ごとすべて大好きになるはずです。

自分の人生の舵は自分でとる！

SNS時代の今は、みんな、人のことを「うらやましい」と思って自信を失う機会が増えてしまっています。私も、人と比較して落ち込んでしまうことが、今もときどきあります。しかし、これは人間らしい自然な感情で、誰かをうらやんだりねたんだりしても悪いことではないと思います。

人生は常に喜怒哀楽で、「怒」も「哀」も、「陰」も「陽」も、あって当たり前なのです。

大切なのは、そこにとどまらないことではないでしょうか。

他人をうらやましいと思って、他人に心をネガティブにゆさぶられすぎたら、それは人生の舵を相手に取られてしまうということ。

私は「私の人生を歩む」のですし、自分といちばん長くいる人は「自分」なのです。

自分を大好きでいれば、人と比較しすぎて落ち込むことはなくなるでしょう。

「売れる私」になって稼げるようになれば、いとも簡単に「自己肯定感」は手に入る。

不運や失敗は、あなたを試すトレーニング

思いどおりの人生を歩む近道は、自分の思考や感情を、自分自身が自由にコントロールできるようになることです。

「なりたい自分になる」「ハッピーなことを引き寄せる」「運気が上がる」――思考や感情をコントロールできれば、これらのこともすべてかなえられます。

そのための第一歩が、「いつでもご機嫌な自分でいる」ことです。

そんないつでも機嫌よく、目の前の人と自分をハッピーにできる状態、それを私は「心がきれい」と呼んでいます。

とはいえ、「ツイてないな」「もう最悪」……どんなにがんばっているときでも、つい感情が乱れるような出来事が起こるのが私たちの日常です。

けれど、「売れる私」になるためには、ピンチをピンチとしてとらえるのではなく、チャンスに変えるトレーニングだと考え、その場を乗り切ることで運気を上げるのです。

ですから、ピンチの際は「これは、私を試すトレーニングですよ」と考えてみたらどうでしょう?

あなたが「売れる私」になれるかどうかは、この難局をどう乗り越えるかにかかっている――そう考えられたら、「よし、がんばってみようかな」と少しだけ前向きな気持ちになれると思いませんか?

考え方ひとつで、ピンチはチャンスに変わる!

私も先日、ちょっとしたピンチに見舞われました。

講演を終えた大阪から新幹線で東京に戻ろうとしたのですが、予定より早めの新幹線に乗ろうとしてチケットを取り直したものの、なぜか失敗。結局、あせってしまったこともあり、別の時間帯で「大阪―東京」のチケットをまちがえて2枚取ってしまい、2倍の料金を支払うはめになりました。

そのうえ、大雨が降ってきたため、新幹線が途中の小田原でストップしてしまったのです。私は「なんてツイてないんだろう……」とゆううつな気分になって、落ち込みそうになりました。

でも、チャンスとはこの瞬間なのです。

「ここで落ち込んでしまったら、私は今のままだ。これはきっと私が試されているチャンスに違いない。こういうときこそ、『売れる私』になるためのトレーニングの時間なのだ」と思うことにしました。

まずそもそも、先ほど新幹線の窓口で「私、そのチケット取ってないです」なんて、ちょっとクレーマーっぽく言ってしまったことを反省しました。感情をコントロールできていなかったのですね。そういうネガティブ感情が、失敗行動につながってしまったのでしょう。

そして、私は普段から「いつかやろうと思っているけれど、なかなかできていないこと」を「未完了リスト」として手帳にメモしているのですが、その中からできそうなことに取りかかることにしました。

まずは、バッグの中に入っていた本を読了。ずっと読みたいと思っていたので、いい機会でした。

次に、スマートフォンに撮りためてあった写真の整理に着手。ことのほか作業に集中できてスイスイと進みました。達成感もあり、気分も相当スッキリしました。

新幹線が走り出したのは、じつに2時間半後という長い時間だったのですが、落ち込んだりイライラしたりするどころか、「読みたかった本が読めた」「スマホ内の530枚もの写真をフォルダに整理できた」という大きな収穫があったおかげで、私はすっかり機嫌がよくなっていました。

ピンチを乗り越えて「ご機嫌な自分」を取り戻すためのトレーニングができた、という充実感も味わうことができたのです。

私は、このようにそのつど「感情トレーニング」をしています。

「よかった探し」で感情の棚卸しを

「感情トレーニング」は、一晩かかることもあります。先日もすごくショックなことがあって、そこからどうやって抜け出そうかとベッドで考えました。

そういうときはじっくりと、自分の「棚卸し」を行います。

まずは「どうしてそんなに悲しいのか？」からはじまり、「期待していたからだ（でも期待どおりには行かなかった）」と原因を探ります。

そして、「期待したのは自分の勝手だよね」→「期待したのはこうなれたらいいなと思ったから」→「こうなれたらいいなと思ったのは、その人とハッピーでいたいと願ったから」→「ではそのハッピーでいたい人に対して悲しまなくていいんじゃないの？」→「感謝すればよいのでは？」などと考えていきます。

こうやっていつも自問自答し、「なかったもの」に焦点を当てるのではなく、「よかったもの」に焦点を当てます。「ああすればよかった。こうすればよかった」と後悔して、「ないもの」にフォーカスしてもどうしようもありません。それどころか、次から次へとネガティブな感情や現実が出てきてしまうので、ここでクヨクヨはストップさせます。

物事には「フォーカス（焦点）の法則」というのがあり、「悪いこと」に焦点を当てていればそのことで脳内がいっぱいになります。それどころか「悪いこと」ばかりに目がいくようになり現実にまで影響してきます。

しかし、「よいこと」に焦点を当てれば、よいことで脳内がいっぱいになります。もちろんそれも現実にまで影響してきます。だから、よいことにピントを合わせるほうがよいのです。

私はこれを「よかった探し」と呼んでいます。

すぐには乗り越えられないつらい感情なら、身体を動かす

とはいえ、「悩みなんてないんでしょう?」とよく言われる私も、すぐには乗り越えられないとてつもない悲しいことやつらいことに見舞われるときもあります。

そんなときはやはり「感情トレーニング」だけでは、前向きに考えるのは難しかったりします。

「感情」をなかなか変えられないときは、「行動」を変えるようにしています。

たとえば、

・筋トレをする

・マッサージに行く
・掃除をする
・断捨離を行う
・趣味に時間を使う

など、気分がよくなる行動をします。すると、次第に感情に変化が起きます。

とくに、無理にでも笑顔をつくることにより、多幸感や快感をもたらす脳内物質（オキシトシン、ベータエンドルフィン、ドーパミンなど）が分泌されることも脳科学でわかっています。

中でもオキシトシンは、ストレスを緩和して、不安感を取り除いてくれる効果があると言われています。

「ツイてないな」「もう最悪」と思う出来事があっても、そこで終わらせないことが大事。「きっとこの出来事にはなんらかの意味があるはず」と、トレーニングをするつもりで自分の気分が上がることをしてみてください。

それこそが、「売れる私」が手にする、豊かな未来行きの運命のチケットなのです。

「ツイてない」「最悪」と思う出来事は、
自分を成長させるためのトレーニングだと心得よう。

あなたの足をひっぱる「ネガティブブロック」とは？

「売れる私」には、いきなりなれるわけではありません。

悩んでクヨクヨしたり、モヤモヤした気持ちからなかなか回復できなかったりするのは誰にでもあること。でも、もしもそんな気持ちがすべて自分の〝思い込み〟だとしたら？

じつは、「クヨクヨ」や「モヤモヤ」は、すべてあなたの思い込みなのです。

「そんな……思い込みではなく、現実でしょう」と思われますか？

けれども、現実とはそもそも「解釈次第」であると考えてみてはいかがでしょう。

「フォーカスの法則」でも説明したように、たとえば、「Aさんがイヤ！」と思えば、相手のイヤなところばかり見えてくるし、そのことで考えがいっぱいになってしまうのです。こちらが相手を嫌っていることはなんとなく伝わってしまいますし、するとますますAさんはかたくなになるかもしれません。一方、Aさんのことを嫌いでないどころか好きな人も存在するわけです。しかし、Aさんは同じ人です。

そうすると、いろいろなことは「思い込み」にすぎないし、解釈次第だと感じられます。

そして、「思い込み」には、プラスのものとマイナスのものがあることを知っていますか？

たとえば私の場合、プラスの思い込みは「白ワインはいくら飲んでも太らない」「これからの人生、明るい未来しかない」というもの。心の底からそう信じて疑ってないのですが、これは私にとってどちらもプラスのことなのでそのまま放置しておいてOKな思い込みです。

問題なのは、マイナスの思い込み。たとえば、「あの人、嫌い」とか、「あれ怖い」などはよくある話ですが、それらは全部思い込みです。

私の場合は長い間ずっと「下腹はなかなかやせにくい」「素敵な男性はみんな結婚している」とずっと思い込んでいました。どうしてマイナスなのかと言うと、その思い込みに対してモヤモヤしたりすることがあるから。それにこの例で言えば、下腹をやせさせようとか、結婚をしようという検討すらせずに、思考停止しています。

他人から見れば「そんなことないよ！」「そんなことをいちいち気にしなくてもいいんじゃない？」と思えることでも、本人はつまずいてしまうのがマイナスの思い込みのデメリットです。

マイナスの思い込みをプラスに変える「アファメーション」

あなたの中にも、「どうせ～だから」「そうは言っても～に違いない」とネガティブに思っていることがあれば、早速、紙とペンを用意して、いくつでも書いてみましょう。

「どんなに仕事をがんばっても成果が出ない」「モチベーションが上がらない」「ダイエットはしても無駄だ」「美人じゃないから恋愛がうまくいかない」「年収1000万円なんて無理」など、どんなことでもかまいません。その原因と思われることも深掘りして書いていきます。

まずは、「自分の中にマイナスの思い込みがあることを知る」ことが、とても大切です。

その後、そうやって紙に書かれた「マイナスの言葉＝あなたの思い込み」のブロックをはずしていきます。

やり方はとても簡単。「アファメーション」によって、プラスの思い込みで上書きしていくだけです。

アファメーションとは、自分に対してポジティブな宣言をすることです。肯定的な言葉を声に出して自分の潜在意識《せんざいいしき》に語りかければ、自分の思考や行動を変えることができる、という考えにもとづきます。潜在意識というのは無意識の思考ですが、意識の95％を占めているので、ここに語りかけることが自分へのコントロールとなります。

ポイントは、断定的に語ること。つまり、「～だったらいいな」「～になりますように」ではなく、「～だ」「～になる」という言い方にします。

たとえば、先ほどの例に対しては「仕事はがんばればば必ず評価してもらえる！」「モチベーションはどんどん湧いてくる」「ダイエットはやればば必ず成功する！」「美人じゃなくても恋愛はうまくいく！」「年収１０００万円行く」というように、ポジティブに変換した言葉を自分に向かって断定的に言い聞かせるようにします。

何度もアファメーションしているうちに、最初は抵抗感があったポジティブな宣言も、やがて違和感なく口にすることができるようになるはずです。そして、いちばん大切なのは、感情がポジティブに変わることです。

そのときこそが、あなたの中にあったマイナスの思い込みがプラスの思い込みに変わったサイン。

思考が変われば行動も変わるので、すでにポジティブな道を歩きはじめていることになるのです。

マイナスの思い込みは否定せず、プラスに変える

マザー・テレサの言葉をご存じですか？

「思考に気をつけなさい、それはいつか言葉になるから。

言葉に気をつけなさい、それはいつか行動になるから。

行動に気をつけなさい、それはいつか習慣になるから。
習慣に気をつけなさい、それはいつか性格になるから。
性格に気をつけなさい、それはいつか運命になるから」

毎日、自分に言い聞かせる言葉がポジティブなものであれば、私たちは思い込みをマイナスからプラスへと変えることだって難しくはありません。

私を長い間ずっとモヤモヤ、クヨクヨさせていたマイナスの思い込みも、アファメーションによって変化しているのを実感します。

「下腹はなかなかやせにくい」は、なるべく20時前に夕食を済ませることで効果が現れはじめています。「素敵な男性はみんな結婚している」というマイナスの思い込みも、もとを正せば私が抱いていた結婚に対するネガティブな感情が原因。

ですが、アファメーションを続けた結果、最近になって周りに素敵なご夫婦が次々と現れたことで、結婚することに期待が持てるようになりました（笑）。

だからこそ、今、マイナスの思い込みはあっても大丈夫。否定する必要はありません。

これから、マイナスの思い込みのブロックをはずし、プラスの思い込みにアップデートしていくことはいくらでもできるからです。

それが、あなたの考え方と行動を今よりハッピーに変えるきっかけになり、「売れる私」になっていくのです。

「マイナスの思い込み」は、ポジティブ変換した言葉を自分に言い聞かせることで「プラスの思い込み」に変わる。

「踊れ」と言われてできない人は、「売れる私」にならない

「売れる私」になるために、とくに大切なことのひとつに、「共感力の高さ」があります。

あなたは急に「踊って」と言われて踊れますか？ 「歌って」と言われて歌えますか？ これができない人はやっぱり売れないのです。

恥をかけない人は売れない。

逆に、踊れる人は、その場の空気を読んで率先して動けるということ。こういう人は、やっぱり「売れる私」になるのです。

そのためには日頃から直感を鍛えて、その場ですべき動きを瞬時にできることも大事です。

そんなふうに、相手に無邪気に感情移入する＝温かい人柄は好まれます。

クールで邪気があって計算するような人は好かれない。

どんなことも自分が楽しめる人は、相手を楽しませることができる。

つまり、踊れる人は共感力の高い人。そういう人は、相手の感情に入り込んで、一緒にワクワクしたり、ビジネスでも相手の立場に立って考えてご提案ができる人だと思うのです。

相手にうれしいことがあったとき、自分のことのように一緒によろこぶことができる人。相手に悲しいことがあったとき、自分の心も痛みを感じ、一緒に涙を流すことができる人。

思いきり相手に感情移入をすることが、結果的に「売れる私」になる方法だと感じたエピソードを紹介します。

相手の立場に立って、とことん感情移入する

そのお客様は、かわいがっていたペットの猫を亡くされたばかりでした。

「渡辺さん、私は今情けないことにペットロスから抜け出せずにいて、悲しくて仕

方ないんです」と意気消沈したメールが届きました。

そこで私はなんとか彼女を励ましたいという気持ちで心からのメールを送りました。

「○○さんが今、悲しいと思うことは情けないことでも悪いことでも何でもありませんよ。だって、大好きだった飼い主にそんなふうにずっと想っていてもらえるなんて、ネコちゃんはすごく幸せではないでしょうか。ネコちゃんへの愛《いと》おしさは、一緒に暮らしていたとき以上のものではないでしょうか？　そう感じていらっしゃるなら、ネコちゃんはこれからもずっと○○さんの中で生き続けていくはず。そして、ネコちゃんは○○さんの笑顔がいちばん好きだったのだから、ネコちゃんのためにも一日でも早く笑顔を見せてくださいね」と。

そんなふうに言葉を選びながら書いていたら、私自身、泣けて泣けて仕方がありませんでした。

誰でも一度は大切な人やペットを失った経験があります。私にも同じようにあります。その思いを言葉にして伝えることで、相手の心にあたたかく届くといいなという願いをこめました。

そのお客様も時間の経過が心に負った傷を少しずつ癒してくれたようでした。その後、「渡辺さん、あのときはありがとう」と言って、お客様の大勢の知り合いの方に私の主催するセミナーを紹介してくださったのでした。

「私がもし相手の立場だったら……」と想像して、とことん感情移入することは、相手と自分の関係をより深いものにする行動でもあったのです。

同じように、相手が笑って楽しそうにお話をするときも、私は「すっごく面白い！」と思いっきり感情移入して笑い転げます。

笑っているうちに本当に楽しくなってしまうことも多く、それが呼び水となって、相手と一緒にまた爆笑してしまうこともたびたび。そういう時間が、人との成熟した関係を育てていくのかもしれません。

仕事でつながっているご縁であっても、「楽しい」「うれしい」「悲しい」「つらい」といった感情を切り離して、人とお付き合いすることはできません。

そんな共感力をどんどん培《つちか》っていきましょう。

ビジネスでも感情は大事。
相手にどれだけ感情移入できるかで、結果は変わる。
人も動く。

上司や後輩に不満を持ったときはどうすれば？

「上司が私のこと、全然ほめてくれないんです。私はいつも自分なりにがんばっているのですが……」という、働く方からのお悩みの相談を受けることがたびたびあります。

「がんばって当たり前」「目標を達成するのは当然」「上を目指すならもっと努力しなさい」……厳しく言われるばかりで、ひとつもほめてもらえない。こんなふうに、上司や先輩との関係に悩む人は少なくないようです。逆に、後輩や部下とうまくいかない方もいるでしょう。「部下がこれをしてくれない」「言ってもわからない」と――。

それらの気持ちは私も経験していて、よくわかります。

けれども、たとえば、社長のような偉い立場についているような人でも誰でも、

「完璧」はありえません。

ですから、このような相談を受けるとき、私は「あなたは上司や先輩、後輩（部下）を認めていますか？」と聞きます。

そして、アドバイスしているのは、「相手に認めてほしかったら、まずあなたは相手のことを認めること」「あなたがほめられたかったら、まず相手をほめること」「あなたが感謝されたかったら、まず相手に感謝の言葉を伝えること」というものです。

自分が望むことはそれがなんであれ、まず相手に差し出してみる――それが望んだものを手に入れるためのお約束だからです。

リターンがほしければ自分から動く

自分から与えることで大きなリターンを得るという法則は、心理学上でも認められている事実です。

心理学者のデニス・リーガン博士が行った実験をご存じでしょうか。

博士は美術鑑賞という名目で被験者たちを集め、2つのグループに分けました。Aグループの人たちには、美術鑑賞の休憩時間にコーラを1本ごちそうしてあげます。Bグループの人たちには、何もごちそうしてあげません。

すべての美術鑑賞が終わったあとで、両グループの人たちに「新車が当たるクジ付きのチケットを1枚25セントで売っているのですが、何枚か買ってもらえませんか？」とお願いをします。

すると、コーラをごちそうしたAグループの人たちには、何もごちそうしなかったBグループの人たちに比べ、2倍もの枚数のチケットを買ってもらえたという結果が出たのです。

誰かに何かをしてもらったら、「私もお返ししなくては」と反射的に思ってしまう心理、なんとなくわかると思いませんか？　スーパーで試食したら買ってしまったり。逆に自分がやったことは、どこからか返ってくる。これは返報性の原理、ブーメランの法則ともいいます。

つまり、ほめてもらったり認められたいとき、感謝されたいときも同じ。

まずは、相手をほめ、相手に感謝の言葉を伝え、あなた自身が相手のことを認めるところからはじめれば相手は「あなたにお返ししなければ」と動きはじめるようになるのです。

ですからたとえば、上司に対しても、「たしかに厳しい面もあるけれど、いつも冷静な判断ができるところは尊敬しています」「いつも私たちのために、ありがとうございます」と言って、自分から敬意を示し、感謝をしてみましょう。

実際に、上司にも部下にもよいところは必ずあるはず。

ここでも、「よかった探し」をしてみるのです。

「売れる私」は、小さなプライドを持つことはしません。

なぜなら、小さなプライドにこだわって毎日満たされない思いを抱えてモヤモヤした気分で過ごすより、自分から働きかけることで相手に動いてもらうことの気持ちよさや満足感を知っているからです。

ほめられたかったら、まず相手をほめる。
認めてほしかったら、まず相手のことを認める。
それがリターンを生む法則。

多くの人が、家族や同僚をほめられない

「売れる私」に共通していること、それは「ほめ上手」だということです。

相手をほめることが上手だと、ほめた相手はよろこぶ。相手がよろこぶと、それを口にした自分もうれしくなる。自分がうれしくなるから、もっと相手をほめようとする。すると、相手は「この人と一緒にいると気持ちがいいな」と思い、相手にとってあなたは〝手放したくない人〟に格上げされるのです。

また、ほめ言葉を口にすると、自分の脳と自律神経がよろこぶということもわかっています。

でも、私がそんな話をすると、「でも私、あんまり人をほめるのが得意じゃないんです」「そう言われてみると、人のことをほめた経験があまりないかもしれません」

「なんだか照れてしまって」という声を聞くことがあります。

大丈夫。「ほめ上手」になるために必要なのは、「場数」だけ。

単純に、慣れてしまいさえすれば、挨拶と同じくらい、心をこめてサラッと相手をほめることはできるようになるからです。

まずは身近な人からほめてみる

「ほめることに慣れる」の第一歩は身近にいる人をほめることです。

身内をほめるのは照れくさいものですが、私は家族や恋人、同僚などの身近な人をほめられないのは、「本物」ではないと思います。

というのも、ほめることに慣れていない人が、いきなり取引先の方やお客様をほめようとしても、心からのほめ言葉には聞こえず薄っぺらく思われてしまうでしょう。とってつけたような心のこもっていないほめ言葉は、かえって逆効果になる危険性もあるからです。

たとえばエステサロン等でスタッフさんがお客様をほめることができていても、

スタッフ同士がほめ合わないようなうわべだけの関係であったら、やっぱり売り上げは伸びません。

私の研修でも、「隣りの方と何かひとつほめ合いましょう！」と言うことがあります。生徒同士で「お肌がめちゃめちゃきれいですね」とか「そのお洋服、似合ってますね」など、ほめるところはいくらでも見つかります。

ですから何事も「本物」をめざすために、まずは、家族や同僚といった毎日顔を合わせている人をほめることからはじめてみましょう。

でも、いきなり「ほめましょう」と言われても、それが身近な人であるほど恥ずかしいと感じますか？

もしも、照れくさいなら、「人」をほめようとせず、「事実」をほめてみてください。たとえば、美しい字を書く人なら「字が本当にきれいですね」、オシャレにこだわっている人なら「いつもセンスがいいですね」、髪型を変えた人なら「今度のヘアスタイルもすっごく似合ってるよ」といったことです。

人柄についてほめるのは照れくさくても、目の前にある事実をほめるなら、そこまで照れることなく心からの言葉でほめることができます。

それでも、やりづらいという方は、「ほめるトレーニング」をしてみましょう。

目についたことをどんどんほめる「ほめるトレーニング」

じつは私も、日頃から目についたことを積極的にほめることで、トレーニングをしています。

外国人の名札をつけたコンビニの店員さんが上手に日本語をしゃべる様子を見たら「○○さん、日本語、お上手でいらっしゃいますね」とほめ、犬の散歩をしている人には「わぁ、かわいいワンちゃんですね！」とほめます。飲食店のウェイトレスさんの名札のお名前を見て、「○○さんのおかげでおいしくいただけました！」。

そうやってほめることに慣れていくと、相手がよろこぶ〝ほめのツボ〟が見えてくるようになります。

ちなみに、先日はレストランで顔なじみのスタッフの方に「○○さん、今日もとっても素敵ですね」とほめたところ、お料理が一品、サービスで運ばれてくるという思いがけない幸運に恵まれました。狙ったわけではないのですが、このようにハッピーの連鎖は起きるのです。

お料理の話はさておき、**ほめることで目の前の人をハッピーにすることができ、自分自身も上昇気流に乗れる**のですから、どうぞお試しください。

「ほめる」がつくり出す「売れる私」オーラ

そうやってほめトレを重ね、プライベートでも仕事でもほめ言葉を抵抗なく口にできるようになっていくと、気がつくことがあります。

それは、「相手のことをもっとよく知りたくなる」という自然な現象です。相手をほめようと思ったとき、その人のことをよく知らなければほめようがありません。

そこで、「この人は、どんなことをほめたらよろこんでくださるだろうか？」→「そういえば、この前お会いしたときとヘアスタイルが変わったな」→「いつもファッションに敏感な方だから、髪型のことを話題にしたらきっとよろこんでくださるはず」などと考えます。

そして実際に、「今度のヘアスタイルもよくお似合いですね！　いつもどちらのサロンに行かれているんですか？　私も、自分に似合う髪型を見つけたいんです」と言葉にしていきます。すると相手は、ほめてもらえたことだけでなく、「前の髪型から変化したことを、ちゃんと見ていてくれたんだな」と思い、とてもよろこんでくださるものです。

ほめるポイントを探すことは、相手をよく知ろうとすること。そのことが「私、あなたに興味があります」という自然なオーラを出すのです。

だからこそ、「一緒にお仕事したいな」「この人にずっと接客してもらいたいな」などと思ってもらえるようになるのです。


「事実」にフォーカスして身近な人をほめてみよう。

それが、「売れる私」になるためのファーストステップになる。

お金がどんどん入ってくる人の共通点

あなたはお金を使うとき、どのような気持ちになることが多いですか?

「あー、また使ってしまった」「なんだかもったいないな」などとネガティブな感情を抱くことがあるのなら要注意。一方、お金が手もとに入ってきたとき、お金を頂戴できたことに感謝しつつ、よろこびの感情を持つのは自然なこと。

それは、豊かになるお金の〝いい流れ〟を循環させます。


お金の「流れ」とは、そもそも何でしょうか。

「入る」と「出る」があるからこそ、お金は循環していくもの。お金が入ってくるときには「感謝」と「よろこび」というポジティブの感情を持っていても、お金が出るときになると「高かったかな?」とか「ムダ使いしちゃった」といったネガティブの感情があると、せっかくの〝いい流れ〟にブレーキがかかり、循環がストップしてしまうのです。

じつは、すべてのものには〝いい流れ〟があり、それをうまく循環させることで私たちの毎日はいくらでも豊かになっていくのです。

「いい気持ち」でお金を使えば、必ず戻ってくる

お金の〝いい流れ〟を邪魔することなくどんどん循環させるには、「お金が出ていくときも、ポジティブな感情で送り出す」ことです。

「持っているお金が減ってしまうのに、ポジティブな気持ちになんてなれそうにない」という人は、少しだけ視点を変えて考えるようにしましょう。

たとえば、「ほしかったものを買うことができてうれしいな」「おいしいものにお金を使えるって幸せ」「こんなことに使えるお金があるなんて、私もなかなかがんばっているな」のように。

そうやってポジティブな感情で出ていったお金は、必ずまたあなたのもとに大き

なよろこびを携えて舞い戻ってくるのです。

これも、「返報性の原理」「ブーメランの法則」ですが、これは直接お金を払った相手からすぐに戻ってくるという意味ではありません。

私は、お金はどこからか、何かの形に変わってでも、そのうち戻ってくると信じ切って、いつも気持ちよくお金を使っています。私がお世話になっている人にごちそうするのも、ちょっとしたプレゼントを差し上げるのも、なるべく募金するようにしているのも、そんなお金の使い方です。

実際、あなたから出ていくお金はあなただけでなく、多くの人を幸せにすることに役立っています。あなたが何かを買ったお店の人や、あなたが買ったものをつくった人のお給料にだってなっているはず。

あなたのお金は誰かの幸せに貢献しているのです。

そう考えたら、お金が出ていくことに対して、今までよりもポジティブな感情を持てるのではないでしょうか。

究極のお金の使い方は「ものより経験」を買うこと

ちなみに、もっとお金の〝いい流れ〟を循環させたいなら、何かモノを買うよりおすすめの方法があります。

キーワードは「お金の使い方」。具体的には、「何を買うか」ではなく、「どんな経験をするか」。「モノ」より「経験」に投資するお金の使い方をすると、さらにお金は加速度を増して循環するようになります。

「売れる私」は「お金を払ってもらえる人」。

まずはよろこんで自分にお金を払う、つまり自己投資をして、お金を循環させることが大切なのです。

私自身は、「未来への投資」にお金を使うことも多いです。

たとえば、いろんなビジネスセミナーに行ってインプットをたくさんするように心がけています。

また、体を鍛えるのも投資ですから、週に1、2回スポーツジムに行ったり、パーソナルトレーニングも受けています。筋肉を動かすのは脳にも刺激になるので、すごくいろんなアイデアがわいてくるという副産物もありますよ。

お金に選ばれる人になるために、お金が入ってくるときだけでなく、出ていくときにも「感謝」と「よろこび」の感情を持とう。

自分で自分のご機嫌をとるために、毎日やっていること

「いつでもご機嫌な自分でいる」ことで、自分の気持ちを安定させるだけでなく、「売れる私」になれる、とお話ししました。

私が実践している、自分で自分のご機嫌をとるコツのひとつに、「居心地がよくなるような部屋に住む」があります。

部屋はプライベートの自分が長い時間を過ごす場所。居心地がよくなければくつろげないし、くつろげなければ心が休まるときがありません。休めない心のままでいると、いつのまにか「いつでも不機嫌そうな人」「いつも不満を抱えている人」になってしまい、誰かに選ばれるどころか、誰からも距離を置かれるようになってしまいます。

もしも、「片付けたいと思ってはいるけれど、面倒だな」「本当は気に入っていな

いインテリアだけれど、買い替えるのにお金がかかるな」などと、家や部屋を快適にすることを怠っているのであれば、ぜひすぐにでも機嫌がよくなる空間づくりをはじめましょう。

毎日、自分が目にするものがきれいなもの、好きなものであれば、自然に気分がよくなります。気分がよくなれば、運気もアップします。運気がアップすれば、周りにワクワクするような出来事が起こりはじめるようになります。

「運の出入り口」玄関とトイレは必ずきれいに！

家や部屋をきれいにしておくのは基本ですが、自分を機嫌よくさせるために、ほかにも私自身が毎日のようにやっていることがあります。

それは、「玄関のたたきを水拭きする」ことです。たたきとは、玄関のドアを開けたところから廊下までの部分、つまり靴を脱ぎ履きするところを言います。これは私のクライアント様にも実行してもらっています。

玄関はエネルギーや幸運が入ってくる「入り口」と言われている場所。玄関をきれいにしておくことで、毎日、気持ちよく出入りできるだけでなく、運気が上がるようになります。

もうひとつ、「トイレの掃除」もていねいに行っています。トイレは、不運が出ていく「出口」です。物事は循環させることが大事なので、玄関とトイレの掃除は重要視しています。ただ、トイレを水拭きすることは珍しくないかもしれませんが、玄関のたたきを水拭きすることはあまりないのではないでしょうか。

たたきをぞうきんで水拭きするのは、水によって目に見えない汚れまできちんと浄化するため。

こういったところがきれいでないと、私は講師として失格だとも思っているので、いつも実行しています。

感謝の心で掃除できる人にはチャンスがめぐってきやすい

たたきとトイレを掃除するときにはちょっとしたポイントがあります。

「この家に住まわせてもらえて、ありがとうございます」という感謝の気持ちを込めて、きれいにすることです。「拭きゃあいいんでしょ！」じゃ、ダメですよ（笑）。気持ちをこめることで心は整い、エネルギーや幸運を呼び込みやすくなり、不運を追い出しやすくなります。

実際に掃除すると玄関やトイレは輝きを増し、きれいになったことでいい気分になるものです。

私も、ここ一番の研修やセミナーの前、気持ちが乱れそうになったときはいつも以上に心をこめてお掃除するようにしています。すると、玄関やトイレがきれいになるのと同じスピードで、心がスーッと落ち着いてきます。

ちなみに、私の場合、脱いだ靴はすぐにシューズクローゼットに収納するようにしています。玄関には脱いだ靴はゼロ。見た目もスッキリして、心地よさが倍増するコツです。

ところで、「たたきを水拭きしましょう」と聞いたとき、あなたはどう思いましたか？　面倒だと感じましたか？　それとも、「やってみようかな」と思いましたか？

じつは、「売れる私」とそうでない人のボーダーラインはここにもあります。

「売れる私」になるには、実際に今日からたたきの水拭きを試してみること。
「それなら、やってみよう」と心のフットワークが軽く、「この家に住まわせても
らってありがとうございます」と心をこめて水拭きができる人には、チャンスがめ
ぐってきやすくなります。

玄関とトイレを感謝の気持ちを持ってきれいにすると、
運気を呼び込むエネルギーが入ってきやすくなる。

願望をかなえる究極の法則

「売れる私」になるには、常に自分のことも人のこともハッピーにすることです。

そのための「手に入れたいものを手に入れる法則」をご存じでしょうか？

それは、「手に入れたいもの」を口に出して「言う」ことです。

「手に入れたいもの」とは、「物質やお金」に限らず、「人気者になりたい」でも、結婚でも昇進でもなんでもOKです。

願いを口にすると、その言葉を自分自身の耳で「聞く」ことになります。

そして、青ペンでノートなどに「手に入れたいもの」を書いてそれを目で「見る」。

青ペンを使うのは、「集中力が上がる」「記憶力が上がる」と言われているためです。

たとえば、「年収１０００万円になる」と決めます。そして、それを口にして、青ペンでノートに書くのです。

「そんなこと書いちゃって大丈夫？」と思われますか？

願望を決めて書くだけですが、意外とできないのはネガティブブロックがあるからかもしれませんし、「できないときのショックを避けたいから」かもしれません。

でも、**結果的に失敗したっていいのです。そこから学びが必ずありますから。**

「思考」「言葉」「行動」すべてがそろえば願いはかなう

さて、このように「言う」「聞く」「見る」で、自分の潜在意識に言い聞かせるのです。

これは、「思考（言う）」と「言葉（聞く、見る）」で、手に入れたいものを自分の脳にインストールした状態です。

そして、最終的に**肝心なのは「行動」すること**。

しかし、ここにも「ブロック」がありがちです。人はなかなか行動できないのです。

「こうしたらいいな」と思ったり（思考）、「こうなりたい」と言ったり（言葉）するまではできても、「行動」に移せない方は、案外多いのではないでしょうか。

「思考」「言葉」「行動」。この3つがバラバラでは、何事もうまくいきません。

たとえば、A社に入社したいと思っていました（思考）。

でも、B社に入社したいと周りに宣言しました（言葉）。

結局、C社に入社しました（行動）。

――これは極端なたとえですが、こんなケースはありがちで、3つがバラバラになっていることは多いのです。

逆にいえば、3つがそろえば、願望はかなえられるのです。

だまされたと思って、試してみてくださいね。

願いを書き出し口にすることで、
実際の行動につながり、
願いがかなうようになる。

結局、一緒にいて楽しい人になるのがすべての近道

「この人と一緒に仕事をしたいな」「この人とまた会いたいな」「この人に接客をしてもらいたいな」と思われる人は、結局、「一緒にいて楽しい人」です。

もちろんビジネスの場合は、専門的な知識やスキルは必須。そのうえでなお、やはり「一緒にいると楽しいな」と人に思っていただけるかどうかです。

よくあるのが、「お笑い芸人のようにトークができる人」「楽しいネタをたくさん知っている人」が求められているという誤解です。

もちろん、こういった話術の巧みさも必要になる場合もありますが、私が思う「一緒にいて楽しい人」は、相手が望んでいる話題で楽しい気持ちにさせられる人です。

一般的な雑学ネタや面白トークを披露するのではなく、すでに相手が持っているネタの中から楽しくなるような話を選び、興味深く展開させていくことです。

自分のことではなく相手が楽しくなるようなことを話す

たとえば、まだあまり相手のことをよく知らない状況で、一緒にしばらく時間を過ごす場合、どんな話をしたらいいか迷うことってありますよね。そんなときは、「相手がどんなことを話したら楽しく感じられるか？」を探っていきます。自分のことを話すのはＮＧです。

ビジネスであれば、ビジネス上の肝心な話をすることは当然ですが、そのほかに話すケースでは、「お休みの日には何をして過ごしていらっしゃるのですか？」「読書？　いいですね！　最近、どんな本をお読みになりました？」「ビジネス本をお読みになって、新しい気づきがおありになるって素晴らしいですね。私も読んでみます！」のように、話題はなんでもＯＫ。肝心なのは、相手の興味のあることを話すことで、相手を楽しい気持ち、明るい気持ちにできるかです。

企業の研修をしていると、「惜しい、あと一歩で『売れる私』になれるのに……」と感じるスタッフもいます。たとえば夏の暑い日、そのスタッフはなにげなく「今日は暑くてイヤになってしまいますね。朝起きた瞬間から汗びっしょりで〜」とお客様にお声がけをしていました。

この「暑いですね」をお伝えすることも、「一緒にいて楽しい人」であればもっとポジティブなアプローチをするはず。

「こう暑いと自然に代謝がアップしそうですよね。外を歩くだけで天然のダイエットができるなんて、私たちラッキーですね！」のように、ちょっぴり強引にでもポジティブな方向に持っていき、聞いた相手が思わず微笑んでしまうような物言いをするのが「一緒にいて楽しい人」なのです。

一緒にいて楽しいのは、どこかで仕入れた「楽しいネタ」を披露するより、相手の中にある「楽しくなる話題」を探し、光をあててくれる人。

足を洗って運気アップ！

今までお話ししてきたように、私は外にいるときは、自分のテンションを上げるようにしていますが、家の中にいるときは一転、リラックスするようにしています。

これも自分の機嫌を自分でとるための方法のひとつです。

休息しながら、白ワインを片手に、好きなユーチューブやアマゾンプライム・ビデオの映画などを観ます。いろいろな作品に触れることができて、結果的にインプットの時間にもなっています。

また、たとえば洗濯物がフワフワに乾いたとか、キッチンのシンクがピカピカになったとか、ほんのちょっとした日常の瞬時のいい気分を味わうようにしています。

そして、バスタブにゆっくりと浸かれる時間は至福のときです。

脳のアルファ波が出るのでひらめきがいっぱいあります。

このように、自分を機嫌よくさせるためのコツはたくさんありますが、今晩からすぐにでも試せることとして、バスタイム中のセルフケアがオススメです。

「天からの借り物」である身体を感謝をこめて慈しむ

そもそも私は「私たちの身体は借り物である」と考えています。たとえば、誰かの大切な何かを借りたとき、大事に使わせていただきますよね？　それと同じで、私たちの身体も天からの借り物だと思えば、自然と慈しむ気持ちが湧き、「命のある限り大事に使わせていただこう」と思えるもの。

バスタイムでは、顔や手など普段から目につきやすい部分だけでなく、足の甲やくるぶし、かかとといった注目されにくいパーツまで「今日も一日ありがとう」という気持ちをこめて浄めるようにケアしましょう。

私の場合は、とくに足をきれいに洗うようにしています。足は大地とつながる大事な場所。毎日身体を支える大切な部分でもあり、放っておくと固くなってしまうことも多いので、柔らかく戻すようにマッサージをしたり、石鹸をていねいに泡立てたシャボンを手の平にのせ、フワモコの泡で足先までしっかりくるむように洗ったりしています。

毎日のようにヒールの靴を履いていると、どうしても角質や魚の目に悩まされることもあります。バスタイムのケアではフォローしきれないトラブルが生じたときは、そのまま放置せず、なるべく早めに専門のフットケアサロンに行ってメンテナンスをするようにもしています。

普段はなかなか見る機会がない足であっても、顔のスキンケアと同じ、すみずみまでしっかりケアすることできれいになって、テンションも上がります。タイツやストッキングに足を通すとき、かかとや指先までツルツルしていると気分がとてもよく、運気もアップするので、みなさんもぜひ。

そういう小さな気分のよさの積み重ねを楽しむことで、私たちの毎日の「ご機嫌」はつくられていくのです。

家ではできるだけリラックス。とくにバスタイムでのセルフケアは、身体だけでなく心もきれいにしてくれる、とっておきの時間。

Chapter 2

「あなたがいい！」と
相手に思っていただく
会話法

ハッピーになっていただく、「言質《げんち》をとる」とは？

私はプライベートでもマッサージサロンに行く機会が多いのですが、そんなとき「気になるスタッフのひと言」があります。

それは、「いかがですか？」です。

たとえば、先日は背中に痛みを感じてマッサージを受けに行きました。スタッフさんから、「では、今度は背中を反らしてください」と指示があったので、そのとおりに背中を反らしました。すると、スタッフさんが「いかがですか？」と私にたずねたのです。

この場面で「いかがですか？」と言われても、答えにくいと感じました。背中を反らしているので、声も出しにくいですし……。

これがもしも「売れる私」だったとしたら、「いかがですか？」の代わりに「背中のお痛み、まだお感じになりますか？」と声をかけるでしょうし、マッサージのあとなら「身体がポカポカ温まってきましたよね。深〜いところの温かさをお感じになりませんか？」とポジティブにうながすような声がけをするはずです。

なぜなら、そのほうが相手が心地よさを感じるからです。「いかがですか？」とザックリとした言葉を相手に投げかけても、言われた相手はどう答えていいか困惑します。

それよりは、もっと具体的に相手に寄り添った言葉をかけるほうが、よほど心に響くコミュニケーションができます。

小さなイエスを重ねて心地よくなってもらう

ちなみに、私の研修では「小さなイエスを重ねるコミュニケーションをしましょう」とお伝えしています。小さなイエスとは、相手から思わず「そうそう！」と言ってもらえること。そんな「言質《げんち》をとる」ことが、相手をハッピーな気持ちに高めてくれるからです。

たとえば、「こうやってご自分では手が届かない部分までマッサージをさせていただくと、お痛みもじんわりと内側からやわらいできませんか?」「二の腕のここをじっくりマッサージすると、フツフツと脂肪が溶けていくようなイメージがわきませんか?」というように申し上げれば、必ず「イエス」が返ってきます。

あとは相手の願望を先取りして申し上げることもあります。

「5年前のあの自分に戻りたいですよね」
「たまには海外でビキニ着ちゃいたいですよね」
「ぴったりTシャツ、着たいですよね」

などです。ここに「ノー」はありません。

この例ではすべてエステサロンですが、みなさんの業界や職種でも、「イエス」を重ねていただき、相手にハッピーになっていただく言葉があるでしょう。

とくに初対面では、相手にワクワクしていただかなくてはなりません。

そのためには、相手が心地いい状態をイメージできそうな言葉をかけていくことです。

「売れる私」はイエスを言いたくなる状況をつくり出せる人

逆にお客様の不満をひっくり返して、イエスをいただくケースもあります。

たとえば、初回カウンセリングでお客様から過去のほかのお店で不満だったことをヒアリングします。

そして、お客様の言葉を引用しながらひっくり返していきます。

「そうですか、前にいらしていたエステはアクセスがよくなかったんですね。では、当店は駅前すぐのところにあるのでアクセスは抜群ですよ」で、イエスをいただく。

「たしかにスタッフの対応がよくないと、次回も行こうという気持ちになりませんよね。当店でもお客様を不愉快にさせるようなことがないよう、教育を徹底いたしますす」で、イエスを重ねる。

「なるほど、料金が高額だったのですね。では、ご予算としておうかがいしたとおり、毎月3万円に収まるプランでしたら、ご負担にならない範囲ですよね」でイエスをいただき、言質をとって決めていただく。……というイメージです。

もう、おわかりでしょうか？

「売れる私」は、相手が「ノー」と言えないようなパーフェクトな人なのではなく、「イエス」を言いたくなる状況をつくるのが上手な人。

いろいろなビジネスにおいても、小さなイエスを重ねていただくコミュニケーションは有効です。

相手に寄り添う具体的な言葉で会話をし、「小さなイエス」を重ねていただくことで、相手も自分もハッピーになる。

即断即決できるようになる「10秒ルール」

「売れる私」は、「クロージング」が得意です。クロージングとは、ビジネスの場面では、相手にご契約をいただく際のアプローチのことを言います。「契約締結」や「取引成立」「企画採用」などそのものを指す場合もありますね。

美容業界に限らず、ほかの仕事でも多くの人たちがクロージングを苦手としています。

その理由は、「突然その場の空気が商売っぽくなるので話しにくい」「お金の話をすることに抵抗がある」といったところでしょうか。

たしかに、相手に「で、どうしますか？　決めるの？　決めないの？」とたたみかける行動だと思えば、尻込みをしたくなるかもしれません。

ですが、実際はその逆。もしも本当に自分が自分の商品（サービス、企画等）について、しっかり勉強し、本当にいいものだと思っていれば、相手に心からおすすめできますし、「一刻も早く、私がおすすめする素晴らしい商品をお使いいただきたいんです」という気持ちになります。

「自分のところで今決めていただかないと、もしかしたら、あとで他社で変なものを売りつけられたりしては申し訳ない！」——そのくらいの気持ちです。

つまり、クロージングは〝押し売り〟ではなく「少しでもいいものを早くご紹介したい！」という気持ちからくる〝サービス〟。サービスだととらえているから、「売れる私」は、心からの言葉でクロージングをかけることができるのです。

優柔不断は日々のトレーニングで直せる

それでもまだ「クロージングをかけるのが苦手……」と感じている場合、おそらくその人は、自分自身が「これ、すごくいい」「これがベストだ」とはなかなか決められないタイプ。普段から優柔不断で、自分が「これがいい」と即決できていないから、相手にも心から「これ、いいですよ」と、うまくおすすめすることができないのです。

けれども、**優柔不断は、生まれ持った性格ではないので、トレーニング次第で変えられます。**

職業がなんであれ、生きていくことは「選択」の連続。自分が「いい」と思うことを即断即決できるようになっておくのは、これからの時代を生き抜く女性にとって大切なスキルとも言えるでしょう。


優柔不断をやめ、即断即決できるようになるためには「10秒ルールトレーニング」がおすすめです。

これは、すべての選択を10秒以内でする、というものです。

ランチに行ったパスタのお店でトマトソースにするのか、クリーム系のソースにするのか。ショップで店員に洋服をすすめられたとき、買うのか買わないのか。気乗りのしない飲み会の誘いに、乗るのか断るのか……。

そういった日常生活の中で起こるいろいろな小さな選択を迷うことなく、すべて10秒以内でジャッジしていくことが即断即決をするためのトレーニングになります。

そうやって、日頃から10秒ルールで動いているうちに、一瞬にして「これはいい！」と「そうでもないな」が判断できるようになります。そうなると、相手にも嘘の気持ちなく、おすすめできます。

つまり、「私が自信を持ってこの商品をいいと思うのだから、お客様にもぜひおすすめしたい！」とスパッと提案できるようになります。

クロージングは「押し売り」ではなく「サービス」。
嘘のない心からの言葉が
相手から「イエス」をもらう秘訣。

金額をお伝えするときのちょっとした秘訣

クロージングをかけることへの「怖さ」につながることとして、「金額を説明する」ことが壁になっているケースは少なくありません。「お金のことを持ち出すと、急に生々しい話になって引かれてしまうのでは？」「お金を無心しているようで心苦しい」というように、引け目を感じてしまう人もいます。

ですが、それもじつは思い込みなのです。なぜなら、**お金のことは早めに話すほうが、相手は検討しやすくなる**からです。

早めに「Aプランは1万円、Bプランは5000円となっております」ときちんと伝えたほうが「この内容で5000円ならお得ね」などと判断していただきやすくなるでしょう。

ショッピングで洋服を選ぶときをイメージすると、わかりやすいかもしれません。たとえば、ショーウィンドウに飾ってあったニットを「かわいいな」と思い、店内に入って値札をチェックしたら「5万8000円」と書いてあったら、金額の高さにちょっと驚きませんか？

ですが、もしも最初から店員に「スタッフがミラノに行って直接買いつけてきた最高級のカシミアでつくった、本当に温かくて軽い、着心地抜群のセーターなんですよ。しかも日本に5着しかない限定品です。試着だけでもいかがですか？」とすすめられたら、「着てみる価値はあるかも」と心が動くかもしれません。実際に試着してみて、うっとりするような肌触りと着心地、デザインにため息をついているところに、「5万8000円」の値札を見ても、「なるほど、一流品とはこういうものね」と妙に納得してしまうかもしれないですよね。

このように、私たちはいつでも値段と価値を天秤にかけて考えるクセがあるもの。だからこそ、早めに金額などの条件をお知らせすることが、相手に検討していただくための材料を手渡すことにつながるのです。

お金について聞くときは敬意を持つ

大事なのは、プラン料金は、その方の「相場観」に合っているものでなくてはいけない、ということ。「相場観」とは、このくらいのサービスにこのくらいのお金や時間をかけようというその方の価値観のことです。

その方の「相場観」と金額がかけ離れていれば、必ずや「ノー」となってしまいます。そして、「相場観」は、このあとご説明する「フロントトーク」や「魔法のコーチングシート」などでつかむことができます。

また、お金についてはデリケートなことなので、礼儀をわきまえて、そこに敬意をあらわすことをお忘れなく。

たとえば、「先日、体験に行かれたサロンではおいくらのプランをご提案されましたでしょうか？　もしよろしければお聞かせください」とていねいにお聞きします。「高いっていくらだったんですか～？」なんて、くだけた言い方は決してしません。そして、相手が教えてくださったときは、「お聞かせいただきましてありがとうございます。とても勉強になります」と必ずお礼の言葉をお伝えするようにします。

すると、相手からも「デリケートなことだったけれど、役に立てるなら話してよかったな」との気持ちを抱いてもらいやすくなるのです。

そのうえで大切なのは、「私ならあなた様のお役に立てる」という自信です。

プロとして、いただく金額に見合うだけの仕事ができるという意識があれば、クロージングに対してもう何も怖《おそ》れることはありません。

金額は早めに提示すること。
それがお客様や取引先が
価値を検討するための材料になる。

「考えてきます」はあなたが言わせています

あなた「では、これで、いかがですか？」
相手「……そうですね。じゃ、ちょっと考えてきますね」
あなた「ありがとうございます。お返事はいついただけそうでしょうか？」
相手「じゃあ、今度またおうかがいしたときにでも……」
あなた「かしこまりました。ではそのタイミングでお話しさせていただきます」

こんなふうに、一見、どこにでもありそうなやりとり。

お店の例で出しましたが、企画やサービスを採用していただくような企画職や営業職などのお仕事でも同様にお考えください。

じつはこれは典型的な「売り上げにつながらないＮＧ会話」。それは、**お客様（取**

引先等）に「考えてきます」と言わせてしまっている点です。

相手が「考えてきます」というときの心理を想像してみましょう。おそらく、「どうしてもノーというわけではないけれど、今ひとつ決め手に欠ける……」「この人のノルマ達成のために決めさせようとしていないかな？」「友達の評判や家族にも聞いてみたほうがいいかもしれない」といったところではないでしょうか。

もう気がつきましたか？　そうです。「考えてきます」は、「前向きに検討します」ではなく、「結論としてはノーです」という意味の言葉。つまり、体《てい》のいい断り文句なのです。

私の経験上、「考えてきます」と言われ、後日「やっぱりお願いします」「どうしても買わせてください」となったことはほぼありません。たいてい話がストップしたままのはず。ですから、「今」即決していただかない限り、「いつか」は永遠に来ないことになります。

私がいつでも「いつかはない。今しかない」という心構えでアプローチをするのは、そういう理由です。そもそも相手にとって利益となる案件なのだから先延ばしにせず、今すぐ決めていただくほうが、人として誠実な態度だと考えています。

あなたに問題がないのなら「考えてきます」は言われない

「考えてきます」は、それを言っている側の責任はゼロです。むしろ、あなたの側になんらかの問題点があるかもしれません。

なぜなら、もしも「この人の言うことは信用できる」「私の話をいつもきちんと聞いてくれる」「いつ会っても気持ちがいい人だな」「いつもきれいで素敵だな」「考えてきますと言ったら申し訳ない」と思われている人であれば、相手から「考えてきます」は出てこないのです。

信頼できる大好きな相手を悲しませたり、困らせたりしたくないと思うのは人の心理。反対に、よろこばせたくて「じゃあ、せっかくなのでこちらに決めよう」と決断をすぐにするものだからです。

でも、**「そういえば、私はよく『考えてきます』と言われてしまうなぁ」と落ち込む必要はありません。**

とあるエステサロンのスタッフの方で、お客様に「考えてきます」ととても言われやすい方がいました。

そこで、私もお客様役になって、その方の初回カウンセリングを受けてみました。すると、一生懸命なのですが、もう「買って！　買って！」と言わんばかりのアプローチであることがわかりました。言葉遣いや所作も残念ながらNGでした。

でもその後、私のメソッドを学んでいただいたところ、契約率がグッと上がったのです。

もしも今、「私って、『考えてきます』と言われやすいな」と心当たりがあるならば、それは自分にまだいたらない点があるというセルフチェックができた証拠。成長のための課題を見つけられたのですから、ラッキーと考えましょう。

そして、「ひょっとして、準備不足かもしれない」「もしかしたら、自信がなさそうに振る舞っているのかもしれないな」「笑顔が足りないのかも」などと、「考えてきます」を言われないようにするための改善策を立てていきましょう。その策については、この本一冊を通して述べています。

押し売りではなく「選んでいただく」ことが大事

ちなみに私の場合、「考えてきます」を言いにくくなるような選択肢をお客様に提案することが身についています。そんな選択肢のコツは、「一択」ではなく「二択」です。

相手に、「これに決めませんか？」と聞くと、返答は「イエス」か「ノー」。万が一「ノー」なら、そこで決裂してしまいます。

ところが、「これとこれ、どちらかといえば、どちらがいいなぁと思われますか？」と曖昧な感じで聞けば、答えが限定されるわけではないのでお客様も萎縮《いしゅく》せず、2つのうちどちらかを選ぶ心理になるでしょう。

だから、いつでも私が用意するのは2種類のプランです。たとえば、「AとBの2つのプランをご用意させていただきました。Aプランは、これこれこういうものです。もしも少しご負担だなと思われるようでしたら、これこれこういうようなBプランもご用意してございます。どちらがよろしいでしょうか」というアプローチです。

前提として、私の中にはいつも「お客様にはどちらかのプランを選んでいただく」という強い心づもりがあります。「自信を持っておすすめできるとてもいいプランなので、大切に想っているお客様にご提案しないわけにはいかない！」と熱い気持ちを持っているからです。

相手に押し売りするのではなく、選んでいただくこと。誠意と情熱でアプローチすると、「考えてきます」は言われなくなるはずです。

クーポンを使うお客様にも感謝する

もうひとつ言っておきたいのは、ヘアサロンやエステサロン、リラクゼーションサロン、飲食店などでよく発行されるクーポンについてです。

クーポンを使っていらっしゃる方に、お店のスタッフさんが「『考えてきます』とすぐに言われてしまう」「安く来ている人はリピートがない」などと、不満を言うことがあります。

でも、それはNG。なぜなら安くても「いらしてくださった」事実があります。同じような安いお店がいっぱいある中で、ここにいらしてくださったというのは、大事な「ご縁」なのです。そこに感謝の気持ちがなく、それがなんとなく相手に伝わってしまうから、「考えてきます」と言われてしまうのです。

「これだけたくさんある中で選んでいただいてありがとうございます」と、心から感謝して、口に出して、サービスして、90度のおじぎをしてください。それで次につながるようになったケースもたくさんあります。おじぎについては、5章でご説明します。

やはり、「テクニック」より、「思い」が最初なのです。

店長やオーナーは、よかれと思ってクーポンを出しているのだから、スタッフさんが「またクーポンかあ」なんて言っていてはダメなのです。

こんなときも、身近な家族、友人がいるとか、そして眠れる場所があるとか、一緒に働いてくれるスタッフがいるとか、そういったことに日頃から感謝していないと、急にお客様や取引先に感謝することはできません。

ですから、「売れる私」になるためには、常日頃、感謝する気持ちを大切にしていただきたいのです。

「考えてきます」は、あなたが言わせていること。
「二択」のアプローチで選んでいただこう。

最初の会話で、雑談してはいけない理由

相手に心を開いてもらうための最初の会話（フロントトーク）は、どんな仕事でもとても重要です。ですが、じつはフロントトークの前段階から、ストーリーははじまっています。

まず、**相手にこちらに足を運んでいただくケースでは、アクセスをお伝えすることとなりますが、これはなにがなんでも道に迷わせてはなりません。**暑い日や寒い日に迷ってしまってはイライラしてしまうでしょう。迷わないようにとにかくわかりやすくお伝えすることは必須です。

そして相手がいらしたときの第一声は、絶対に「場所はすぐおわかりいただけましたか？」です。わかりやすく場所をお伝えしていれば、「イエス」になるので、「よかったです。やっぱりアクセスがいいとご縁を感じますよね」と申し上げます。

そして、愛嬌《あいきょう》なくして、成功なし。真面目くさる必要は全然なく、ニコニコしていなくてはなりません。これだけで関係性がぐっとよくなります。どなたでもできる初対面のテクニックともいえます。

こうして、やっとフロントトークがはじまります。

美容業界では、はじめてお店にいらしたお客様には、初回カウンセリングを行います。

そこで「ご覧になった媒体の何にビビッと来てご来店くださったんでしょうか」「数あるサロンから当店を選んでくださった決め手は何でしょうか」「以前にもエステに行かれたことはありますか？」「もしお差し支えなければ、通うのをおやめになった理由をお聞かせ願えますか？」などと、通い続けていただくための条件をうかがいます。

これが営業で言うところのフロントトークにあたります。

「売れる私」になるか、「売れない私」で終わるのかは、このフロントトークにかかっているといっても過言ではありません。そのくらい、一見、単なる質問に見えても、その答えにはたくさんの価値ある情報が詰まっているものなのです。

「最初の会話」でやってはいけない3大パターン

フロントトークのNGパターンとして「フロントトークを単なる雑談タイムだと思っている」というケースがあります。

私は、「初対面の方とのただの雑談は必要ありません」と言っています。

相手の興味のある話ならまだよいですが、「今日はお天気がいいですね」「最近、インフルエンザが流行っていますよね」「昨日、テレビで観たんですけれど～」といった、とくにこれからの展開には関係ない話題で、せっかくの限られた時間をつぶしてしまうのはとてももったいないです。

相手との会話も本当の意味では盛り上がりにくいし、生産性はゼロ。未来への価値を生むフロントトークではありません。

相手はハッキリとした目的があってこちらにいらしているのですし、時間もお客様の貴重な時間ですから、それを無駄な会話にしては申し訳ないです。

次に残念なのが、「フロントトークを単なる事情聴取タイムだと思っている」というケースです。

過去のエステ経験や美容に関する情報を聞くだけ聞いておきながら、「そうなんですねー」と流して終了。すぐに施術の内容や料金プランの説明に移ってしまうのであれば、やはりフロントトークを活かしきれているとは言えないでしょう。

たとえば、もしお客様が「お腹が気になります」とおっしゃったら、「お肉のどんな部分がどんなときに気になりますか？」と具体的に聞きます。そして、「パンツをはいたときに、お肉がでんとのっかるのがイヤ」とか「〇センチはみ出ちゃう」など細かく引き出して、とにかく寄り添っていきます。

もし、その方が「毎朝鏡を見て太ももがぽこっとしているのが気になる」とおっしゃったら、自分も一緒に毎朝、隣りで鏡を見ているくらいの気持ちにならなくてはなりません。

そのくらい相手の心に寄り添って、会話していきます。

もうひとつ、「フロントトークを自分の知識やスキルを披露する場だと思っている」

というケースもNGです。

自分が携わる商品や技術の知識はあって当然。なのに、知識の少ない相手に対して延々と話し続けても、相手はよろこぶどころか「なんだか偉そうな人だな」とか「難しい話だな」くらいに思うかもしれません。

それどころか、相手が「腰のお肉が気になる」とおっしゃっているのに、こちらは「この機械はすごくて太ももに効くんです」なんて言ってしまう例もあります。

相手の目的から外れたことを言ってしまっては、絶対に心はそっぽを向かれてしまいます。

そして肝心なのは、**「自分のプレゼン」は、相手の話をすべてお聞きしたあとではじめる**ことです。すべてお聞きしてから、「この内容のご説明をさせていただいてよろしいでしょうか？」と必ず承認をとってからプレゼンをスタートします。

「売れる私」は相手を知る貴重な時間を1秒も無駄にしない

今お話しした3大NGは、相手にしょっぱなから「つまらない時間」だと感じさせるのもダメな点です。ここでは、「きれいになれる！」とワクワクしていただかなくてはなりません。

「売れる私」になるには、「フロントトークは相手が求めているものを知るための貴重な時間」だと認識することです。

ですから、1分1秒でも無駄にしてはいけません。

たとえば、お客様が過去にエステ経験があって、今は通っていない場合なら、通わなくなった理由を聞いてそれを自分の課題にします。

たとえば「スタッフの接客態度に満足できなかった」だとしたら、「私の勉強のためにもよろしければお聞かせいただけませんか？」と、どうしたら満足していただけるのかを深掘りして聞いていき、他山の石とします。

相手が以前に不満があったことを解消すると、あなたは間違いなく「売れる私」になるのです。

あるいは、お客様が「ネイルサロンに月1ペースで通っている」と知ったら、「月に5000円くらいは美容代にあてられる自由なお金と時間もお持ちなんだな」とわかるはず。「それならその分、当店で満足できるコースを選んでもらえるようすすめてみよう」とプランを練ることもできるようになります。

ポイントは、「今、目の前にいるお客様が、どんなことを求めているのか？」を徹底リサーチすること。

お客様は、あなたの「技術」を買いたいのではなく、その先で得られる「感情」を求めています。たとえば、やせてきれいになって好きな服が着られて「うれしい」とか、肌がすべすべになってメイクが楽しめて「気分いい」とか。

相手の求めている「感情」を探らないまま、「押し売り」しようとするから、うっとうしがられてしまうのです。

もちろん、どんなものを求められても対応できるように、あらゆることを想定し、「なぜ私のサービス（企画、商品）がほかのどこよりもおすすめできるのか？」をプレゼンできるように備えておくのは基本中の基本です。

実際に、私がどのようにお客様を「徹底リサーチ」しているかは、次の項目でご紹介します。

「売れる私」になるには、フロントトークを
「雑談タイム」ではなく、「相手をよく知って
未来につなげるための貴重な時間」だと考える。

「魔法のコーチングシート」で相手を徹底的にリサーチ

実際に私がエステサロンで活用している、相手が求めていることを知るための鉄板アイテムをご紹介します。前著でも触れた「魔法のコーチングシート」です。

このシートで、私は契約率94％を達成してきました。ほかの業界の方にも参考になるはずなので、ご自分でアレンジして使ってみてください。

この「魔法のコーチングシート」は、相手がどのようなことを望み、どのような目標を達成したいのかが明確にわかるだけでなく、それにともないあなたが確実に「売れる私」に成長するためのアイテムでもあります。

フロントトークの持ち時間に限ることなく、相手と接している時間をできるだけ活用しつつ、ひたすらじっくりていねいにヒアリングして、書き込んでいくことを心がけてください。

コーチングシートの使い方

●「そろそろ本気でダイエットしたい」というお客様のコーチングシート

お客様とシートを見ながらお話しし、スタッフが書き込んでいきます。ここでも「言う」「聞く」「見る」が必須です。

図版に記載した番号に沿って、それぞれ簡単に説明していきます。

ステップ① 目標・目的を明確にする

何キロ落としたいのか、なぜその目標なのかを考えてもらいます。

ステップ② 困っていること、希望をあぶり出す

「ぽっこり下腹をへこませたい」「二の腕を細くしたい」など、「どの部分をやせさせたいのか」のトップ3を聞き出します。

相手の心を引き出す「魔法のコーチングシート」

○○○様

STEP 1
目標・目的
（例：－5kg）
・どうなりたいか
・なぜそうなりたいのか

STEP 2
困っていること・希望
（例：お腹をへこませたい）
悩んでいること、
どこをどうしたいのかの
トップ3は何か

STEP 3
かなったときの気持ち
（例：ビキニを着たい！）
目標が達成できたら
どんな気持ちになるか

STEP 4
今実践していること
（例：間食はしない）
自分なりに気をつけて
いることは何か

STEP 5
改善したいこと
（例：運動不足の解消）
今の自分の習慣などで
改善したいことを
明確にする

STEP 6
提案
・具体的なプラン
・根拠
・金額

ステップ③　夢がかなったときの感情を聞く

「ビーチリゾートでビキニを着て思いっきりはじけたい」といった、「目標や目的が達成したらどんな気持ちになるか？」を自由にイメージし、よりリアルにそのハッピーな感情を味わってもらいます。

ステップ④　今、実践している取り組みを聞く

「間食はしない」「お酒はほどほど」など、「自分なりに気をつけていること」をヒアリングします。

ステップ⑤　改善したいことを明確にする

「運動不足の生活をなんとかしたい」「ストレスによる過食をやめたい」といった、改善したい点をヒアリングします。

ステップ⑥　相手に具体的なプランを提案する

「こういう理由で、こういうプランをおすすめしたい」というように、「根拠＋具

体的なプラン」を提案します。このタイミングで料金もお伝えします。

とくに大切なのは、ステップ③で、相手が目標や目的を達成したとき、夢をかなえたときのハッピーな感情をしっかりイメージしてとことん味わっていただくことです。ここで相手が買いたい「感情」がハッキリします。

また、ステップ⑥では、ステップ②の相手の困っていることを希望に帰結させることが重要です。「ぽっこりお腹をへこませたい」なら、「私どものプランでは、とくに気になる下腹に重点的にアプローチしていきます」というようにです。

コーチングシートを活用すれば、相手の心に響く提案がいとも簡単にできるようになるので、ぜひ試してみてください。

相手を知るための最強アイテム
「魔法のコーチングシート」をどんどん活用しよう。

皆に驚かれる、渡辺式「即決アプローチ」

私が実践している「売れる私」のスキルを紹介すると、「渡辺さん、それ本当にやっているんですか?」と驚かれるものがあります。

それは、私が「即決アプローチ」と呼んでいる方法です。

エステサロンの例になりますが、ほかのお仕事の方も応用できると思いますので、ご参考になさってくださいね。


まず、フロントトークは、これまでに述べたように進めていきます。そして、

「ここまでご提案したプランはご理解いただけましたか? 質問やご不安な点、お気に召さない点がございましたら、ぜひ教えていただけますか?」

と申し上げます。そこで、

「（質問や不安な点は）ないです」とおっしゃっていただけたら、

「では、十分にご理解をいただけたということでよろしいでしょうか？」。

「はい」とおっしゃっていただけたら、

「あとは料金だけの問題ですね」。

それから料金を申し上げます。

このときの料金は、相手の相場観に合っているもので、とは前の項目で触れたとおりです。

そして、料金をお伝えしたタイミングで、私はこう申し上げるようにしています。

「〇〇様にこれから体験していただいて、『これはすごく効果がありそうだな』、また、先ほど〇〇様がおっしゃった条件を『すべてクリアするな』、そして私のことを『信頼できそうだな』とお思いになられたときには、先送りしないでお決めいただきたいのです。お決めいただくとは、『契約する』または『契約しない』をお決めいただくということも含みます（ニコッ）」

「いつか」ではなく「今日」、この場で決めていただくようお願いをすること。そして「太陽のような笑顔」と「相手に寄り添う気持ち」を絶対に忘れない（これを忘れると、画竜点睛《がりょうてんせい》を欠いてしまいます）。

以上が、私が実践し、そして、研修先のみなさんにも行ってもらって、実績を上げ続けている「即決アプローチ」です。ここまで来たら「ノー」はありません。

数字ではなく、相手がよろこんでくれることを心の底から願う

「ちょっと強引では？」「ガツガツしているようで嫌がられない？」と不安に感じますか？

いえいえ、とんでもない。「今日ここで決めてください！」は、お客様ファーストで考えているからこそ出る言葉。なぜなら、当店のサービス（商品、企画、技術など）が絶対いいに決まっていると信じているからです。

そのアプローチの背景には、「お客様のなりたい『新しい自分像』をかなえて差し上げたい！」「相手の目的を達成させたい」という強い思いがあるのです。

仮にここで売り上げなどの数字ばかりを私が考えていたら、心の奥に隠しているつもりでも、知らずに「ギラギラオーラ」が出てしまいます。売り上げを追求する

のは悪いことではないですが、ギラギラオーラが出てしまっては、「うっとうしい」と思われても仕方ありません。そのような数字のことはいったん忘れて、「どうしたら相手のお役に立てるか？」を考えるのです。

もちろん、言葉だけでなく、やっぱり「思い」。それに伴う、声のトーンや笑顔、目線なども重要になってきます。

そのためには、まずは私たちが相手がよろこんでくださることを心の底から願う必要があります。エステではなく、ほかのどんなお仕事でも同様でしょう。

そんな強い気持ちがあって、商品や技術、企画等にも自信がある。それなら、即決していただかない理由はないのです。

たとえばダイエットが目的ではじめてエステを訪れた女性なら、これまでずっと「太っている自分」をそのままにしてきて、「でも、もうこんな自分を変えたい」と思ったから、ようやくエステに行ってみようという気持ちになったはず。それは勇気ある行動です。それをたたえて、その思いをかなえてあげたいと願うあなたの気持ちを乗せたら、あとはもう「先送りせず、今日この場で決めましょう」という言葉しか出てこないのではないでしょうか。

このように、私の実践している「即決アプローチ」は、ただ強引に即決を迫るような〝パワー重視型〟ではなく、熱意を伝えた末に相手の即決を願う〝ハート重視型〟のアプローチのスタイルです。

この方法なら相手からの「考えてきます」は確実に激減します。

「今日、決めましょう」と伝える即決アプローチは、
相手が変わるチャンスを呼び込む
運気アップのフレーズ。

実際によくある残念な会話のパターン

「人間関係は合わせ鏡」のようなもの。あなたが相手のことを「ちょっと苦手だな」と思っていると、相手もやはりあなたと少し距離を置きたいと感じていることが多いのです。素敵な人の周りに感じがいい人が多いのも同じ理由で、〝似た者同士〟が引き寄せ合うことも少なくありません。

だからこそ、普段から相手に最大限の「愛と敬意」を持って接するべきなのです。

それはどんなビジネスでもプライベートでも同様です。

とはいえ、「愛と敬意を持つ」と聞いても、なんとなく漠然としていてイメージがわきにくいかもしれません。

そこで、実際によくある話し方にたとえて説明しましょう。いずれのケースも、お店のスタッフがお客様に対し、質問しているシーンです。ほかの業界の方は、ご自分が初めて会う方に、質問するシーンを想像して応用してください。

ケース①「当店をいいなと思った理由って、何かありますか？」

ケース②「ウチの店、めちゃめちゃサービスさせていただきますよ」

ケース③「そういえば、この話、知ってますか？」

この３つのケースのうち、どれが相手に「愛と敬意を持つ」ようなよい話し方で、どれがよくない話し方かわかりますか？

答えは、すべてＮＧ。どの話し方にも愛と敬意は感じられません。しかし、残念ながらありがちなパターンです。それぞれ具体的に解説します。

愛と敬意を持たない会話３パターン

まずケース①は、「お客様から貴重なご意見を聞かせていただく」という敬意がまったく払われていない点がＮＧ。そもそも「いいな」と思っていただけたから、いらしているのに、そこに敬意を払っていないことが伝わります。

ここは、「もしよろしければ、お聞かせいただけませんでしょうか」と敬う姿勢でおうかがいする。

たとえば、「たくさんあるサロンの中で当店を選んでくださった決め手をお聞かせ願えませんでしょうか」というように敬語をきちんと使って話しましょう。

ケース②は、「ウチの店」「めちゃめちゃ」というくだけすぎた言葉遣いがNG。やはり敬意が感じられません。お客様との距離を縮める方法は、話し方をカジュアルにすればいいわけではないからです。

むしろ、くだけすぎた言葉で話すことにより、「なんだ、私はこの程度の言葉遣いしかできないような低レベルのお店を選んでしまったのね」「こんな話し方しかできないスタッフがいるお店なら、サービスにもあまり期待できそうにないかも」などと、事実ではないことまで相手に思い込ませてしまう危険性もあります。たとえば、「ウチの店」という表現はカジュアルなので、「当店」「当サロン」「私ども」などが正しい敬語となります。

とりわけ初対面でくだけすぎはやめましょう。

ケース③は、お客様の話をさえぎっている例です。とくに初回カウンセリングの際などお客様との会話では、基本的にはスタッフはお客様からお話を聞かせていただく立場です。お客様が求めているものを知るために、ひたすら質問と回答をくり返すだけ。「そういえば」「ところで」というように、相手の会話を途中でさえぎり、こちらから話題を変えておしゃべりをしはじめないようにしましょう。

相手への愛があれば、「どんな小さなことでも聞き逃したくない」と、自分が話題を持ちかけるより相手の情報をキャッチすることに全力を尽くすはずです。

話すときは「相手の気持ちを聞く」ことを目的に

私が実践している、最大限の愛と敬意を持った相手への接し方は、「聞く」ことを目的にして「話す」ことです。きちんと敬語を使うことも大切です。

たとえば、「もしよろしければ、前のサロンに通い続けるのをおやめになった理由を、お聞かせ願えませんでしょうか」と切り出します。そこで、「スタッフの様子がちょっと……」と曖昧な言葉が返ってきても、「そうでいらっしゃいましたか。

もしもお嫌でなければ、私の勉強のためにも、スタッフのどのような点がお気になられたのか、お聞かせいただくわけにはまいりませんでしょうか」と進めていきます。

そうやって質問を重ね、（以前の店では）「敬語が使われていなかった」「ノーメイクだった」「清潔感がなかった」などと具体的にヒアリングしていくうちに、相手のおっしゃりたいことが映像として想像でき、自分のことのように実感できるようになります。

ここまで相手の立場に立って知ることができるようになってはじめて、相手と話したことの価値が高まると思うのです。

相手に寄り添うためには、愛と敬意を持った話し方をすることが欠かせません。

「相手から貴重なお話をおうかがいする」
という姿勢で会話をすると、
愛と敬意を示すことができる。

延々と続く先輩の話を熱心に聞き続けた結果起きたこと

「楽しいから笑うのではない。笑うから楽しいのだ」という名言を残したのは、アメリカの心理学者、ウィリアム・ジェームズ博士です。

私もまさにこの言葉に同感。私の研修のスタート時にも、まず笑い合うことからはじめます。

本来であれば、楽しいことがあるから笑うという流れが自然かもしれませんが、悩みを抱えていたりストレスがあったりする人もいるはず。今はそういう厳しい状況に置かれていたとしても、まず笑い合って少しの時間でも楽しい気持ちになって、ハッピーな運気を呼び込みましょう、という願いもこめているつもりです。

しかし、緊張しているのかもしれませんが、接客するときですら、お店の人が笑顔でない場面を見ることがあります。

でも、いつも笑顔のない人に、人は近寄っていきたいとは思わないもの。人が寄りつかなければ、ラッキーなことやハッピーなことが運ばれてくるチャンスだって格段に少なくなります。だからこそ、**笑うことは「売れる私」になるために最も意味のあるアクション**なのです。

私のセミナーでも「**人と会うときは、相手より少し多めに笑いましょう**」とお伝えしています。

これを私は「大好きビーム」と呼んでいます。「あなたと一緒にいると、私はこんなに楽しいです」という気持ちを表情と笑い声できちんと相手に伝えるためです。「一緒にいて楽しい」と伝わってきて、イヤな気がする人はまずいません。

「聞く人」は「話す人」より ずっと「売れる私」に近い

ときどき、「自分が笑うより、相手を笑わせるために面白い話をしたほうがよくないですか?」と質問されることがありますが、私の答えは「ノー」。多くの人は、自分の話を聞いてほしいと思っているので、**「話す人」より「聞く人」のほうが好**

まれるのです。

「話す人」より「聞く人」が「売れる私」にずっと近い位置にいると私が知ったのは、数年前、私の身に起きた出来事もきっかけでした。

仕事先で知り合った尊敬する先輩のお話をもっと聞きたくて、お時間をつくっていただいたことがありました。そのときは先輩が1時間くらい「なぜこの業界で働くことになったか」をお話しされて、私はずっと聞いていました。そして、なんと帰り際に「またお話ししましょうか」と機会をつくってくださったのです。多忙な先輩が私のために時間を割いてくださることがうれしかったこともあり、よろこんでお受けしました。

先輩だけが延々とお話しするちょっと変わった会合が5回ほど続いたある日、いつもと同じようにお話を聞いていたところ、一段落ついたときに先輩が、「ところで渡辺さんにお願いがあります」と切り出されたのです。お願いの内容は、先輩の会社の研修を1年間引き受けてくれないか、という大変ありがたいものでした。

5回とも、私は先輩の話をただ聞いていただけなのですが、あとになってわかったのは、そこで私が自分の話をしようとせず、「もっともっとあなたのお話を聞きたいです！」と前のめり姿勢で、「大好きビーム」を出しながら、笑顔で傾聴することに徹していたのがよかったようなのです。

そうやって時間を重ねていくうちに、自然な流れで信頼関係ができあがっていたこともうれしいことでした。

いつもの自分のコミュニケーションのとり方を振り返ってみたとき、もしも「だいたい自分のほうがしゃべっているな」という自覚があるならば、ぜひ次回からは「聞き役」に回ってみることをおすすめします。

新しく発展的な関係を構築できるはずです。

笑顔で「聞き役」に徹すると、
思いがけないチャンスが待っていることもある。

Chapter 3

一瞬でイニシアティブをとる「パッと見てハッとする」きれいとは？

きれいは、生まれつきではありません

人に会う仕事をしている方なら誰でも、最初のトークだけでなく、「相手とはじめて会う瞬間」＝「第一印象」は、特別に大切にしていただきたいと思っています。

今の時代は、どんな業界でも、初対面もしくはそれほど何度も会ってない相手と、一緒に仕事をする機会が増えているのではないでしょうか？　ですから昔よりも、第一印象がますます重要です。

実際、私は初対面の5～7秒をとても大事に考えています。そのために、わざと特別なオーラを「まとう」ように心がけています。

なぜなら、「この人と一緒に仕事をしたい」「この人ともっと話していたい」「この人、何者」と思っていただき、次のマスにコマを進めるかどうかは5～7秒の間に決まってしまうからです。

それを私は「一瞬でイニシアティブをとる」と言っています。秒速で相手との関係でリーダーシップをとれたら、そして相手にファンになってもらえたら、うれしいと思いませんか？

「魅力の資産」を磨くことで「売れる私」はつくられる

イギリスの社会学者、キャサリン・ハキム氏によれば、人は「3＋1」の合計4つの資産を持っていると言います。

「3＋1」の「3」にあたる3つの資産とは、財産や土地といった「経済的な資産」、学歴や職業経験、教養などの「文化的な資産」、人脈やネットワークなどの「社会的な資産」です。これに加え、外見的な魅力と内面的な魅力を合わせた「魅力の資産」が4つ目の資産になると言います。

この4つめの資産である「魅力の資産」は誰でもが持っているもの。

この資産を第一印象の5～7秒の間にフル活用するだけで、私たちは簡単にリーダーシップをとれるようになるのです。

ちなみに、ハキム氏は、魅力的な資産を持っていることを「ビューティ・プレミアム」と呼び、魅力がプラスの影響を及ぼすことについての研究をした人物ですが、著書『エロティック・キャピタル』（共同通信社刊）の中にこんな記述があります。

「北米では、魅力的な男性はそうでない男性と比べて平均で14～27％、魅力的な女性はそうでない女性に比べて12～20％多く稼ぐ。常に見た目に気を配り、人前できちんと振る舞う人は、その時々で外見や振る舞いが変わる人より、年を追うごとにさらに大きな経済的成功を収めていく」

私がこの本で伝えたいのも、そういうことです。

「きれい」はつくることができる

私がきれいの根本と考えているのは、「品位」「品性」「品格」の3つ。

心を整えることで、その人の持つ美しさは必ず内側からにじみ出てきます。それがその人をつくるきれいであり、魅力となるもの。「きれい」は生まれつき持っているわけではなく、意識を変えるだけであとからいくらでも身につくもの。

きれいになって「売れる私」になれば、女性はもっともっと魅力が増していきます。そんなプラスのスパイラル効果をどんどん活用していきましょう、ということをお伝えしたいのです。

もしも、「第一印象をよくしたいけれど、どうしていいかわからない」「魅力的な人だと思ってもらいたいけれど、そのためにはまずどうすればいいの?」という人は、ぜひこの章を熟読してください。

人の印象は最初の5~7秒で決まる。そのときに、ありったけの自分の魅力を出し切ること。それが、イニシアティブをとるコツ。

最強の武器は「パッと見てゾッとする笑顔」

誰にでも一瞬で好印象を与え、一瞬でイニシアティブをとることができる最強の武器、それは「太陽のような笑顔」です。

一般的な笑顔と、「太陽のような笑顔」は大きく異なります。

「太陽のような笑顔」は、文字どおり太陽のパワーを身近に感じるくらいパーッと明るくまぶしくて、目がくらむほどの威力のある笑顔のこと。あまりのすごさに、見ている相手もつられて笑ってしまうような、そんな「笑顔力」の強いスマイルのことを言います。ある意味、ちょっと不気味なゾッとする笑顔でもあります（笑）。

普段、たとえばパソコンに向かっているとき、コンビニで商品を選んでいるとき——どちらかといえば無表情だったりムスッとしていたりしませんか？

そういう人が多いからこそ、「太陽のような笑顔」はとても印象的なのです。

「太陽のような笑顔」は別名「大好きビーム」。大好きビームは、相手に好意を楽勝で伝えられる無敵の武器です。「目がハートになっているか」です！

「でも、そんなの私にはムリ！」と思われますか？

じつは「太陽のような笑顔」はトレーニング次第で身につけることができます。

具体的には、「フィジカル面でのつくり方」と「メンタル面でのつくり方」の2つの方法があります。

「太陽のような笑顔」をつくる3ステップ

フィジカル面での「太陽のような笑顔」は、次の3ステップでつくれます。

ステップ① 眉を上げる。

ステップ② 口を横に開いて、「イ」の形をつくる。このとき、自分が思うイメージより3倍高く口角を上げ、前歯が上下8本見えているようにすること。

ステップ③ そのまま自然に上がった頬骨を高くキープしながら10秒カウントする。

これを鏡の前で毎日、まずは1カ月続けると、笑顔の筋肉が鍛えられます。最初は眉が上がらない人が多いのですが、これは筋肉が衰えているためです。私たちの顔の筋肉は、全部で108個あると言われています。

表現豊かな欧米人に比べると、私たち日本人は3割程度しかその筋肉を活用できていないそうです。

だから、表情が乏しいことで「つまらなさそう」「無関心なの?」「自信がなさそう」と誤解されることもしばしば。とくに第一印象でそんなふうに誤解されるのはとてももったいないことです。

「太陽のような笑顔」は、もちろん接客業だけに通じるコミュニケーション法ではありません。

事務職や営業の人も活用できますし、プライベートでも、初対面の人だけでなくいつも会う人にも、毎回心地よく思ってもらえる最強の武器になります。

私の研修では、「テクニックや経験がまだ少ない新人さんでも、『太陽のような笑顔』だけは必ずいつでもどこでもできるようにマスターしておきましょう」とお伝えしています。そして、最初に生徒さんのAさんとBさんとペアになっていただだいて、「アハハ、めちゃめちゃウケる〜」というのをお互いにやるところからスタートします。

前にもお伝えしましたが、ビジネスでもプライベートでも、男でも女でもやっぱり「愛嬌」はとっても大事。笑顔がなければダメ。どんな方でも笑顔はかわいいのです。

「太陽のような笑顔」には感謝の心をこめることが大事

メンタル面での「太陽のような笑顔」のつくり方は、ひと言で言えば「心をこめていちばんの笑顔をつくること」につきます。

ポイントは、「相手の心の動きをイメージする」こと。

というのも、私たちにはみんなそれぞれ立場があって、生活があります。働く女性として仕事の悩みを抱えている人もいれば、母親として子どもに心配事がある人もいる。お金のことで悶々《もんもん》と考えることがある人もいれば、ご両親のことで解決すべき問題がある人もいる。

ですが、そうやっていろいろと感情が揺れ動く毎日の中でも、私にお時間を預けてくださったわけですよね。そう考えたら、とてもありがたくて、感謝の気持ちしかありません。ですから、「うわー、ようこそお越しくださいました！　お待ちしておりました」「○○様にお会いできてとてもうれしいです！」という言葉は自然と出てきます。

そして気持ちをこめて、「太陽のような笑顔」で明るくお出迎えをします。

すると、相手は絶対に「ああ、やっぱり来てよかった」「この人に会えてうれしいな」と心が動くものなのです。

ぜひ、今日から「太陽のような笑顔」で人と会って、その威力を感じてください。

一瞬で相手の心をつかむことができる
「太陽のような笑顔」は、一生ものの最強の武器。

大事なプレゼンや人に会う前にやっていること

たとえば、大事なプレゼンや、クライアントとの打ち合わせや、転職・就職の面接など、重要な予定の前の「自分の顔」を鏡で見たことがありますか？

おそらく張り詰めた思いで少し怖くなっていたり、あるいは無表情になっていたりするのではないでしょうか。

けれども、プレゼンで成功することや、クライアントとの打ち合わせ、面接などで相手の信頼を勝ち得ることなどを願うなら、どういう顔でその場に臨むのか、「自分の顔」を意識することがとても大切です。

なぜなら、人前に出るときは、いつもよりパワーが必要なとき。固い表情を浮かべて臨むより、華のある明るい笑顔の高めのテンションで臨んだほうが、ずっといい結果が期待できるからです。

私自身も講演やセミナーなど人前に出るときはもちろん、大切な相手と会う前は必ず、自分の気持ちを上げるよう、家を出た瞬間から自分の表情を意識しています。
「勇気と元気、そして愛を届けるのが私の仕事よ」と笑顔で自分に言い聞かせるのも、テンションを高めにキープして臨みたいからです。

そして、「声」。こちらも顔と同様に重要です。
私は出かける前に、
あいうえお
いうえおあ
うえおあい
えおあいう
おあいうえ
これを1セット×10回言って、発声練習をしています。
滑舌や声がよくなり、説得力が増すので、みなさんも行ってみてください。

満員電車でも常に笑顔でいる

ところが、そうやってテンションを高めながら目的地に向かう途中で、足を引っ張られることもあります。たとえば、満員電車。

満員電車では、誰もがつらそうな表情でいます。

でもそんな悪状況のときでも「売れる私」になるには、周りに流されずに自分のペースを守ることです。

私の場合も、満員電車でもテンションを下げないよう、あえて笑顔でいるようにしています。「不快な車中でも笑顔でいられるの？」「誰も知り合いがいないのに笑えるの？」と不思議に思いますか？　たしかに、満員電車の中で笑顔を浮かべている人を見かけたら、ちょっと不気味に感じるかもしれませんね。

じつは、かつて「満員電車の不快を少しでも軽くしよう」と考え、実際に自然と笑顔になってしまう実験を試みたことがあります。

「こんなにギューギューに混んでいる状況で、もしも私がこの手を離したら、持っているバッグはどうなるんだろう？」と想像し、実際に持っていた手をそっと外してみたところ、周りの人に支えられているので、私のバッグは宙に浮いたまま、床に落下しなかったんです（笑）。「そんなことってあるんだ！」と思ったら、おかしくなって車中なのに笑ってしまいました。

おかげで私は楽しい気持ちのまま、その日いちばんに会う人に心からの笑顔で挨拶することができ、気持ちよく講演ができたのでした。

実際、疲れた顔で挨拶をされるより、「もう朝から楽しくて仕方ない」といった笑顔で挨拶されたほうが、「なんだかわからないけれど、この人と会うと元気になるな」と思ってもらえるもの。

その一件以来、私は満員電車の中で「バッグ、宙に浮く事件」のことを思い出しては笑顔でいられるし、「今日も面白いことないかな」と楽しいことを探しながら、口角を上げて電車に乗っていられるようになりました。

エスカレーターでも不気味な笑顔を浮かべる

満員電車以外でも、私は道中、なるべく口角を上げて笑顔でいるように心がけています。駅の下りのエスカレーターでも「不気味な」笑顔を浮かべたままにし、すれ違う上りのエスカレーターに乗っている方に、二度見されたこともあります。

これは常に意識して、「ご機嫌オーラ」をまとうということ。オーラについてはこの章の最後に詳しくご説明しますが、人前に出る仕事をするようになってからは、とくに意識していることでもあります。

「渡辺さん、この前渋谷のデパートの地下を歩いていらっしゃいませんでしたか?」「先週、渡辺さんを銀座で見かけましたよ」と言われることも少なくありません。

もしも、そんなときに仏頂面をしていたら、相手はどう思うでしょうか。「仕事のときだけ愛想がいい人」「プライベートでは不機嫌そうで怖い人」という印象を与えてしまうかもしれません。

私は、誰かと接している以外の時間でも笑顔でいる人でいたいから、そして24時間いつでも機嫌のいい自分でいたいから、外ではいつも笑顔でいることに決めています。

この本を読まれて、どこかで私に出会うことがあったら、ぜひ声をかけてみてください。

きっと私は満面の笑みで、そして、おそらくは偶然じゃないあなたとの出会いに心から感謝できると思います。

「売れる私」は満員電車の中でも
どこでも不気味な笑顔を浮かべて、
自分のテンションを落とさない。

「子犬のウェルカム」には、人を動かす神パワーがある

犬を飼ったことがある人なら誰でも経験があることですが、自分が帰宅したときに愛犬が尻尾を振ってうれしそうに出迎えてくれた姿を見て「そんなによろこんでくれてうれしいな」とならずにはいられないですよね。愛犬には、「ご主人様が帰ってきてくれた」と思うと、駆けよってしまう習性があります。

これを私は「子犬のウェルカム」と呼び、普段のコミュニケーションでも実践するようにしています。

たとえばプライベートで誰かとカフェで待ち合わせをすることがあります。私のほうが先に席についている場合でも、相手がこちらに来るのが見えた瞬間、「あぁ〜！」と席を立ち、笑顔で駆け寄っていきます。

同じように、仕事でもたとえば、打ち合わせの相手が見えたときに「あぁ〜、〇

○さん、お待ちしておりました！」と太陽のような笑顔でお出迎えします。
まるで愛犬が大好きな飼い主を待っていたかのように「うれしくてたまらない！」という気持ちを、きちんと態度で表現するのです。

これは自分が得をしたいがための駆け引きではありません。テクニックというよりは、**自分も相手も気分がよくなる習慣**と言ってもいいでしょう。

愛されるお店はスタッフ全員がお客様の訪問を心からよろこぶ

よく「渡辺さん、お客様に愛されるお店と、どうやっても繁盛しないお店の違いはどこにあるのでしょう？」と質問されることがあります。

こんなとき、私はいつも「スタッフへの教育がすべて」だと言っています。たとえば、「子犬のウェルカム」をスタッフが徹底して実践できているかどうかでも、お店全体の売り上げは大きく変わります。

お店の入口のドアから受付までの距離がどれほど近くても、足踏みしてでも小走りで駆け寄り、息を切って、「あぁ～、ようこそお越しくださいました」と太陽のような笑顔でお客様の訪問をよろこんでくれるような「子犬のウェルカム」ができるスタッフのいるお店は、必ずと言っていいほど、お客様に愛されるいいお店です。
反対に、ドアがガラス張りで向こうから来るお客様が見えているにもかかわらず、しれっとしていたり、下を向いて作業をしているフリを決め込んだりして歓迎の心を示さないスタッフのいるお店は、お客様にそっぽを向かれます。

いろんなシーンで、表情で、態度で、話し方で「あなたに好意を持っています」を素直に伝えられるかどうか。その行動は必ず相手に届き、思いがけないタイミングであなたのもとに大きく成長して返ってくるでしょう。

「会えてうれしい！」を表現する
「子犬のウェルカム」を実践した人から、
売れる私に変わっていく。

オーラをまとうには、理想の姿を憑依《ひょうい》させる

「売れる私」は、「パッと見てハッとするきれい」を手に入れた人。

ですがこの「パッと見てハッとするきれい」は持って生まれたものではなく、本人の「気づき」によって得られたもの。

つまり、誰でも、いつからでも手に入れることができるのです。

「パッと見てハッとするきれい」とは、やっぱりいちばんは「太陽のような笑顔」。そして、髪型、洋服、立ち姿、そして、目がキラキラしているかなど。

または、別名を「オーラ」と言います。これまでも触れてきましたが、皆さんも聞いたことがある馴染み深い言葉ですよね。

では、どうしたらオーラをまとうことができるようになるのでしょうか？　じつ

は、とても簡単です。

必要なのは、紙と青ペンだけ。

まずは「オーラのある素敵な女性」と聞いて、あなたが思い浮かべるイメージをすべて書き出してみてください。前にも書きましたが、青ペンを使うのは集中力や記憶力が上がるといわれているためです。

「仕事ができる人」「いつも感情が安定している人」「年収1000万円以上あって自立している人」「笑顔がきれいな人」「メリハリのあるスタイルの人」「ハワイに別荘を持っている人」「ハイヒールの似合う人」「自分に似合ったメイクをしている人」……できるだけ細かく、オーラを放っている女性のイメージを書き出してみましょう。

その後、あなた自身が願ったオーラをまとったつもりになって、「オーラのある素敵な女性」として振る舞ってみてください。

セミナーでは、「**理想の姿を、自分に憑依《ひょうい》させてください**」と言っています。演じているうちに、自然にあなた自身も本当にオーラを放てるようになるからです。

「こういうオーラをまといたい！」と具体的に強くイメージすることは、実現への近道なのです。

私も、自分自身が思うオーラのある素敵な女性をイメージして100項目くらい、いつも持ち歩いている手帳に書いてあります。そして、新月の日にその中から「今すぐこういうオーラのある人になりたい」と思うこと10項目をリストアップして、青いペンで清書するようにしています。

新月の日を選ぶのは、願いがかないやすくなると言われているためです。

エステティシャンなら、「看護師以上、CA未満の立ち位置」

ちなみに、私自身が目指すのは、「品位・品性・品格を兼ね備えた見た目、所作、話し方」を備えている人。

それでいて、終始笑顔でユニークで飛んでいて、相手に「この人大丈夫かなぁ？」と思われるものの、面白いと興味を持たれる人。相手から「また、会いたい！」と

思われ、会えば会うほど引き出しが多いと感じられ、噛めば噛むほどうまいスルメのような女性です！（笑）

ご参考までに、私がエステティシャン向けの研修でお伝えすることがあるのは、「看護師以上、CA未満の立ち位置で、〝パッと見てハッとするきれい〟を目指しましょう」です。

看護師さんのように専門知識や経験も豊富であって、なおかつ親しみやすさや話しやすさがある、ということ。航空会社のキャビンアテンダントさん（CA）のように凛《りん》と美しく、誇りを持って接客をしている、ということ。この両者の中間のポジションを狙えば、エステサロンで「最強の売れる私」になれるわけです。

さて、あなたはどんな人をめざしますか？
笑顔を絶やさず、家庭と仕事を両立させるワーキングマザー？
バリバリと売り上げを上げるキャリアウーマン？
オシャレで写真も上手なインスタグラマー？

試されるのは、あなたの「女優力」です。
さあ、今すぐオーラのある素敵な女性を演じて、周りの人たちを次々と魅了しましょう。

理想の姿を紙にペンで書き、
自分に「憑依」させると、
放たれるオーラも本物になっていく。

Chapter 4

ちょっとした会話テクニック、お伝えします

自分の話し方を見たら、驚きすぎた件

あなたは、人前で話すことに自信がありますか？

いつもの自分の話し方や表情が、どんなふうに相手の目に映っているかを意識している人は少ないのではないでしょうか。

実際、私もその一人でした。

ところが、ある日、今まで知っているつもりだった自分とはまったく違う自分を発見し、衝撃を受けました。

そこでは、一人ずついろいろなテーマを与えられ、人前で話すトレーニングがあり、自分のプレゼンしている姿を動画で撮影してもらえます。動画は合計10本になったと思いますが、すべてを見返していると、いろいろな発見で目からウロコが大量に落ちました。

「自分では説得力を重視していたつもりなのに、どうしてこんなに威張って話しているのだろう」「もっとゆっくり話したほうが聞き取りやすいはず」というような細かいことまでハッキリと見えてきたのです。

私の場合は、説得力を出そうとして熱くしゃべる話し方が「なんだか怖い人」という印象を与えてしまうことに気がついたのも、大きな収穫でした。**自分がしゃべるときは、「ちょっと頼りなさそうなふりをする」くらいでちょうどよい**んだなと思ったのです。人は相手に対して「この人、別世界の人」と思ったら、心の距離が空いてしまいますから。

その後、「全国・講師オーディション２０１６」のファイナリストに残ることができたのも、あのとき、自分の話す姿を何度も見返して研究をしたからにほかなりません。

だからこそ、ぜひあなたにも自分の話す姿を意識してほしいのです。
もしも、人前で話すことに自信がない場合は、セルフチェックしてみましょう。
方法は簡単。

「スマホで自分が話している姿を動画として撮影して、見直すだけ」でＯＫです。
これをくり返して、「売れる私」になるためのトレーニングの材料にしていただきたいと思います。

自分の表情や話し方をスマホで録画して
それを何度も見返そう。そこには必ず
「売れる私」になるためのヒントがある。

よい相づちとうなずきが、上り坂人生に導く

ここまでにも少し触れてきた、「聞く力」について、詳しくお話ししたいと思います。

「聞く力」を高める方法のひとつは、「上手な相づちを打つ」ことです。

接客業の方ですら、知らずに「マズい相づち」になっている場合が多々あります。また、プライベートでも、「マズい相づち」をしていると、友人、知人、恋人、家族が逃げてしまうかもしれません。

私も研修で生徒さんに教えているのですが、よくない相づちとは、「相手の言葉をさえぎるような相づち」です。

相手が話しているとき、その内容をじっくり聞こうとせず、「うんうんうん。ということは～」「はいはいはい、そうですか」と相手がまだ話しているところにか

ぶせるような相づち。これはお店のスタッフさんでも、実際にしばしば見られます。ノリのよさを示そうとするサービス精神からくるのかもしれませんが、完全に逆効果です。話している相手からは「私の話をあまり真剣に聞いてもらえていないな」と距離を置かれてしまいます。

もっとひどいケースでは、「わかるわかる。でもそれって〜」「なるほど、それでは〜」と、相手がまだ話し足りていないのに、強引に自分の話したいことに持っていこうとするタイプの人もいます。こちらも、相手から「自分の話ばかりする人なんだな」と煙たがられてしまうでしょう。

「聞く」ことをしっかり意識していない相づちも、おすすめできません。

たとえば、相手の話に「ふんふん」「へー」と低めのテンションで心のこもっていない相づちを打っても、相手は「私の話、退屈なのかな?」「本当に聞いているのかな?」と思って当然です。

とにかく相手の話を最後までしっかり聞く

理想的な相づちは、「素敵ですね！」「面白いですね！」「それは素晴らしいことだと思います！」のように、語尾に「！」がつくような相づちです。

こんなふうに言葉に弾みがあるような相づちを打たれたら、相手はもちろんうれしく思いますよね。

大切なのは、まずは相手の話をしっかり聞くこと。

相手が話し終わるまで待ったあと、さらに1秒置いてから「それは素敵ですね！」と相づちを打つと、相手は「この人は私の話をちゃんと聞いてくれただけでなく、面白がってくれてうれしい」とハッピーな気持ちになるのです。

「売れる私」になるには、相づちを単なる会話の句読点だとは考えないこと。

相手の話を聞きながら、「この人はどんなことを大切に考えているのだろう？」「この話の裏に潜んでいる、〝本当に伝えたいこと〟ってなんだろう？」というように、アンテナを張りめぐらせます。そして、「さすがですね！」などと相づちを打って、心を寄り添わせることが信頼関係をつくっていくのです。

「また会いたい」と思わせる「うなずき」のパワー

「聞く力」をアップさせたいなら、相づちのほかにもうひとつ、今日からぜひ意識してほしいのが「うなずく」ことです。

うなずくときは、相手としっかり目を合わせ、「うん、うん」と深く頭を上下に動かします。お話ししている人のほうにおへソを向け、身体を向き合う体勢に持っていきながらうなずくと、ていねいな印象を持ってもらえます。

相づち以上に、うなずきのパワーを軽んじている人も少なくありません。でも、それは本当にもったいないこと。「うん、うん」は「運運」。うなずくだけで運を呼び寄せ、相手と素敵な関係を築くチャンスがあるのです。たとえば、相手がどんどんスピーディに話して相づちは入れにくいシーンでも、うなずくだけで聞いていることが伝わります。
「この人とまた会いたい」「この人に話を聞いてもらいたい」と思わせるだけの力が、うなずくことには備わっているのです。

何を隠そう、私も実際にうなずきのパワーを実感することがあります。

私はよく、自分自身の勉強のためにさまざまなビジネスセミナーに参加しているのですが、受講するときは必ずといっていいほど、その会場のいちばん前のセンターの席に座るようにしています。そして、講師として登壇している先生の話にいちいち深くうなずくのです。もちろん、楽しいときは「あっはっは」と思い切り笑い、リアクションがほしそうなときは声に出して相づちを打つこともします。

私自身も講師として人前に立つ機会が多いので、人前で話すときに「こういう人がいてくれたら話しやすいだろうな」と想像できるからです。話を聞いて深くうなずき、ときには笑ったり相づちを打ったりして「ちゃんと話を聞いてますよ」「あなたのお話、とっても面白いですよ」というエールを送れる人。そういう人になれたらいいな、と思うからです。

面白いことに、そうやってうなずきながら話を聞いていると、十中八九、受講後に講師の先生から声をかけていただきます。

「さっきは会場を盛り上げてくれてありがとうございます」「あなたのおかげで、とても気持ちよく話すことができました」と。

私がしていたのは、ほとんどうなずくだけ。それなのに、多くの人から感謝され、ほめられるなんて最高に幸せです。


相手の話に潜む「本当に言いたいこと」「大切にしていること」に耳を澄まし、「！」のつく相づちを打つ。そして、「うん、うん」と深くうなずくだけで、「聞く力」がアップする。

さりげなく観察して、ボディタッチもする理由

「売れる私」になるための話し方の特徴は、「五感をフルに活用して会話をしている」ことです。相手の表情や声のトーン、態度や仕草から、「どんなことを求めているのか？」を探りながら、会話を進めています。

会話をしている間、相手が目を合わせることをしてくれなかったら「あ、この人はまだ心を開いてくれていないんだな？」と推測します。

そういうときには、私はできるだけ明るくフレンドリーに話しかけるようにしています。あるいは、女性同士であればさりげなくボディタッチも行ったり、わざと身体を近づけて「とってもお肌がきれいでいらっしゃいますねー」と明るく申し上げたりして、心を開いていただけたらとの思いをこめます。

また、相手がずっと手をもじもじと動かしていたら、「この方は何か不安な点が

あるんだな」と考え、「どんな小さなことでもかまいませんので、ご不明な点や気になっていることなどお聞かせくださいますか？」と少しでも安心していただくために、笑顔で話すようにしています。

五感をフルに活用すれば、相手の本当の姿が見えてくる

こんなふうに、五感をフル活用して会話すると、相手の本当の姿が見えてくるようになります。

人と会うことのある仕事では、相手への観察力はとても大事なスキルのひとつ。

身につけているバッグやアクセサリーなどからは、その方が「どういうものを美しいと感じ、どういうものを好んでいるのか」という美学が見てとれます。

歯のホワイトニングをしていたり、いつもきちんと整っているヘアスタイルだったりするなら、「自分のケアにお金と時間を十分にかけられる方なんだな」というように。

ただし、例外もあるので、見た目だけでその人の経済状態を判断するのは厳禁で

す。実際にあった話として、「毛玉だらけのセーターを着ていたけど、じつはものすごくお金持ちだった」「いつも着たきりスズメなのに、自由に使えるお金をたくさん持っていた」というエピソードはよく聞きます。
お金のことを聞いたり、判断したりするときはとくに注意が必要です。失礼にあたる場合や、一方的な思い違いでトラブルになってしまう危険性もあります。

「話す」は単なるアウトプットではない。
五感をフル活用して会話をすることで、
思いがけない情報をキャッチできる。

「1分間自己紹介」ができるようになると、人生が開ける

時間は、誰にとっても限りあるもの。「売れる私」は、だからこそ、自分だけでなく相手の時間の使い方にも配慮するのです。

私はたとえば「今日は、どうしてもお聞きいただきたいお話があるので3分、よろしいでしょうか」「お忙しいと存じますので、1分だけ、私にお時間をいただけますでしょうか」というように、相手に敬意をあらわしながら、時間を共有するようにしています。

ここで大事なのは、申し上げた「3分」や「1分」が、決して嘘ではないこと。本当にきっちり「3分」や「1分」を守れるかどうかが信頼につながります。

目の前の人を信用するには7分かかる！

では、どうしたら「3分」「1分」という時間の感覚を身につけることができるのでしょうか。

それには、やはりトレーニングが有効です。私自身、以前に「人は目の前で話している人を信用するのに7分かかる」と聞いたことがあり、そのときから7分の感覚を意識して話すようにしています。

この「7分」という感覚は、日頃から1分単位で話すトレーニングをして身につきました。時間の感覚は慣れれば、誰でもたやすく身につけられるようになります。

実際に私の研修で受講生に挑戦してもらっているのは、「それでは今から1分間で、冬休みに経験した最高に楽しかったことを話してください」「今日学んだことでいちばん印象的だったことを、1分で話しましょう」というように、即興で話す「1分間スピーチ」です。

肝心なのは、内容ももちろんですが、「1分という時間で話をまとめる」こと。

これを繰り返すうちに「1分間って、だいたいこのくらいなんだな」という時間の感覚を身体で覚えることができるようになります。

これは、エレベータートーク」という言葉はご存じでしょうか？

これは、エレベーターに乗り合わせた投資家に対して、降りるまでの数十秒の間に事業の魅力を語り、投資家の心を動かしたという話がもとになっているようです。

つまり、どんなに短い時間でも、人を動かすことはできるということです。

時間のない人に何かを伝えたいときには、結論を最初に持ってくることが大切です。

その結論も、「相手に期待する反応」を導き出すものでなくてはなりません。

そのための根拠を、もれや重複のないように話す。また、結論と根拠に矛盾が出ないよう、伝えたいことが明瞭かどうかをしっかり意識しながら、話の順序を整えることが大切です。

自分のキャッチコピーをつくって、1分で自己紹介する

自分一人でできるトレーニング方法としては、スマホのアプリやストップウォッチを活用して1分間計って話してみること。

おすすめのテーマは、「自己紹介」です。

なぜなら、1分間でできる鉄板の自己紹介ネタを持っておくと、これから先もずっと仕事やプライベートでとても重宝するからです。

私自身も1分間でできる自己紹介のトークを持っています。

研修で挨拶するとき、新しいビジネスセミナーに参加したとき、ちょっとした集まりでスピーチをするときなど、自己紹介をする場面はじつにたくさんあるもの。

毎回、話す内容は同じですが、同じだからこそ堂々と自信を持って自己紹介ができるところもとても気に入っています。

ちなみに、自己紹介では自分なりのキャッチコピーをつくっておくと、相手の心

にインパクトを残すことができます。

私は「稼ぐ人を創る美容家の渡辺ゆきよと申します」と言うところからはじめるのが定番の自己紹介です。

これだと、ただ単に「東京から参りました渡辺と申します」より印象的だと思いませんか?

「何をやっている人なのか?」はもちろん、「どのジャンルで活躍している人なのか?」が伝わるような自己紹介をつくって、どんな場面でも1分間で堂々と話せることを目標にしましょう。

自分のキャッチコピーを入れた「1分間自己紹介」ができるようになっておくと、どんな場面でも「印象的な人」として相手の心に残る。

擬態語をバンバン使うと説得力がぐーんと上がる

「説得力のある話し方をしたい」と願うのは、みなさん共通でしょう。

そんな説得力のある話し方をする方法があります。

私が実践しているのは、相手の右脳と左脳をバランスよく刺激しながら話す方法です。

よく、感覚で物事にあたる人のことを「右脳派」、理論立てて物事を考える人を「左脳派」などと呼ぶことがあります。

この「感覚の右脳」と「理論の左脳」、両方を上手に活用しながら話を進めていくのです。

たとえば、左脳的な話し方とは、「この美容機器は50メガヘルツの周波数で、皮下約4センチのところまで届きます。このことによりお腹周りの深部を3～5度上昇させる効果があります」のようなものです。これだけの説明だと「なんだかすごそうなことはわかったけれど、感覚的にはあまりピンとこないな」となるでしょう。

ところが、「熱々のフライパンにバターをのせるとジュワーッと溶けますよね。50メガヘルツの周波数というのは、ちょうどあの感じで、腹部の脂肪もトロトローッと溶けて、血液に乗って身体の外にサーッと排出されるイメージです」というように、擬態語を足すと右脳的な感覚にうったえるものになり、「なるほど！」とスッと理解していただけるようになります。

これが、感覚の右脳と理論の左脳をバランスよく刺激しながら話す、ということです。

右脳的話し方のコツは「擬態語」にあり

理論の左脳的な話し方は、具体的なマニュアルがあったりするので、割と簡単にできるでしょう。

問題なのは、感覚の右脳的な話し方のほうです。これがラクにできるようになるためには、「普段から擬態語（擬音語）を使う」ことです。

擬態語とは、物事の状態や様子を「ニコニコ」「ぐんぐん」「ジロジロ」などと感覚的に言語化したものを言います。擬態語は、ふつうはなかなかとっさには出てきません。だからこそ、**日常的な会話の中で積極的に使って慣れていく**ようにしましょう。

「バーッと拡散するコンテンツ」「ワクワクする企画」「ツルッツルのお肌」「ぷるっぷるの唇」のように、相手の頭の中に映像が浮かぶようなイメージで擬態語をたくさん使えるようになれば理想的。

私は研修で「擬態語を10個入れて話してみましょう」などと言うこともあります。

数字や理論を入れた左脳的な言葉に、擬態語をふんだんに取り入れた右脳的な言葉。この両輪を上手に回していくことで、説得力のある話し方は夢ではなくなります。

「ツルッツル」「とろーり」といった
使える擬態語をたくさん持っておくと、
説得力のある話し方ができるようになる。

語《ご》彙《い》力《りょく》を高めると説得力アップ

「小学6年生でもわかるように話しましょう」――これは、私が研修でよく伝えていることのひとつです。誰でも理解できる言葉を使って、できるだけわかりやすく話す、とはマナーではなく、相手を「思いやる気持ち」の現れだと思うからです。

ときどき、業界で使うような専門用語を、そのまま相手との会話で使っている人を見かけますが、「それで本当に相手に伝わっているのかな？」と疑問に感じます。

専門用語や聞きなれないカタカナ言葉は、やさしい言葉で言い換えて話すほうが、「この人の話はとてもわかりやすいな」と相手に受け入れられるのです。

たとえば、次のAとBでは、どちらがわかりやすく感じますか？

A「このたび当店の事業スキームを抜本的に改善し、既存の商品に対し、よりコモディティな商品に注力してブランディングしていくことになりました」

B「このたび当店の事業の枠組みをもとから見直し、普段づかいできる商品を今までの商品と別のシリーズで販売していくことになりました」

もちろん、わかりやすいのはBのほうですよね。

Aのように、専門用語がたくさん並ぶような話し方をされると、内容が頭に入ってこないだけでなく、「もっとわかりやすく話してほしいな」と残念な気持ちになりませんか？

いくら相手にメリットとなるような内容でも、相手に聞く耳を持ってもらえていなければ、なんの意味もありません。

語彙力を高めるために、好きな作家の本を読む

わかりやすい話し方をするには、「**語《ご》彙《い》力《りょく》を高める**」ことです。つまり、使える

言葉を増やすこと。

そのためには自分の好きな作家を見つけ、その人の本を読み、気になった表現の仕方や使ってみたい言葉づかいをスマホや手帳に書き留めておくようにします。

ポイントは、「自分の好きな作家の本」であること。これが文章の教科書だと「お勉強」になってしまって途端にやる気が出なくなりますが、自分の好きな作家の本であれば何度も読み返しますし、「こんなふうに言葉を操れるようになりたい」という方向に、自然に心が向くからです。

言葉の引き出しをたくさん持っておいて、普段からそれを取り入れてしゃべることがトレーニングとなります。

そして、いつでも相手の心に響く話し方ができるようになります。

専門用語やカタカナ語は極力少なくし、
「小学６年生」でもわかる言葉選びをすることが、
伝わる話し方のコツ。

「売れる私」がひそかにやっている
ページング会話術

相手の話を聞くときは、相手の話すスピードに合わせてリアクションをとることも大切です。

たとえば、お出かけ前のあなたが時間に追われてバタバタと身支度を整えていたときに、友人から電話がかかってきたとします。あなたはとても急いでいるにもかかわらず、相手がマイペースでのんびり世間話をはじめたとしたら、どう感じますか？　「早く用件を言ってほしいのに」とあせりますよね。

反対に、あなたはゆっくりおしゃべりしたいと思って電話をかけ、のんびりお天気の話から入ろうとしたところ、電話口の相手から「悪いのだけれど、先に用件を言ってもらえないかな」とイライラした口調で言われたら、ショックですよね。

相手の話すスピードに合わせてリアクションをとることは、相手の置かれている状況を察しながらペースを合わせてコミュニケーションをとる、ということでもあります。

相手の話すスピードと声のトーンに注目する

エステの初回カウンセリングの時間は、お客様の情報収集のために活用できる貴重な時間だとお話ししました。ただでさえ持ち時間が少ないのに、そこでいかに相手のペースと合わせながら、必要な情報を聞き出すかは腕の見せどころです。

ポイントは、「話し方のスピード」と「声のトーン」です。会話を盛り上げたいときは、話し方のスピードを少し速め、声のトーンもやや高めに話します。こちらの話を落ち着いてじっくり聞いていただきたいときは、話し方のスピードを少しゆるめ、声のトーンも低めを意識して話すようにします。

相手のペースに合わせてこちらのリアクションをとることが基本ですが、ときに

はこちらが主導権を握って話を進める必要がある場面もあります。そんなときには
ぜひ活用してみてください。

相手のペースに合わせた話し方、
聞き方ができるようになると、
「話していて気持ちのいい人」に格上げされる。

Chapter 5

突き抜けた人になる
美しい所作

両手を添えて、おへそを向けると何が起こる？

「売れる私」になるためには、ほかの人と比べて頭ひとつ抜きん出た、特別に輝くポイントとなるものが必要です。

「この人、何者だろう？」「この人はほかの誰とも違っているな」と思っていただくには、所作のディテールまで気を配ることが重要になります。

そのためには、最近ではあまり注意を払われないような所作も意識してみるとよいでしょう。

たとえば、初対面の相手に名刺を手渡すとき、どのようにやりとりをしていますか？

どんなときも、必ずていねいに一人ずつ両手を添えて名刺のやりとりをするのが基本ですが、さすがにこれは片手で受け取ったり手渡したりするようなマナー違反をしている人は少数派かもしれません。

相手に身体を向けるのは、相手のことを思っている証拠

では、こんなシーンではどうでしょう？

あなたがデスクでパソコンに向かって忙しくキーボードをたたいているとき、すぐ近くの同僚から「ちょっとペン、貸してもらえる？」とカジュアルなお願いをされたとしたら、あなたはどんなふうにペンを手渡しますか？　気の置けない同僚だからと、パソコンの画面を見ながら「はい、どーぞ」と手だけ伸ばしてペンを渡していませんか？

また、同じような状況で話しかけられたときはどうしていますか？　手を休めずに「ながら聞き」していませんか？

これは今すぐ改善したほうがよい習慣です。

まず、何かを手渡すときは、相手が誰であろうと片手ではなく必ず両手で渡すこと。

両手で渡したほうが、感じがいいだけでなく、あなたの所作を美しく見せます。

「いつもていねいで品のある人だな」と思われるのです。

さらに私は、研修では、「どんなに忙しいときでも、誰かに声をかけられたときは必ず手をとめて、おヘソを相手に向け、相手の目を見ながら話を聞きましょう」とお話ししています。

「ながら聞き」がなぜ、ダメなのか。それは、相手のことを思ってしている行為ではないからです。

もしもあなたが同じことを誰かにされたら、なんとなく自分のことを軽んじられている気になりませんか？

相手のことを思って行動する――これは、どんな職種の人でも日常から意識しておくことをおすすめします。

普段からの行動がとっさのときに現れる

モノを片手で渡すことに慣れてしまっていると、いざクライアントやお客様といったあなたにとって大切な相手に何かを手渡すシーンに直面したときも、とっさに片手で渡してしまうかもしれません。

普段からやっていないと、特別なときだけ取り繕うことは不可能です。

自分の価値を高めるレッスンだと思って、今日から実践しましょう。

つい先日も、こんなことがありました。

とある企業の研修で講師を務めることになったのですが、その企業で働く女性たちは、みなさんとてもも所作が美しく、ていねいな応対をされて感心したものです。

私がもっとも驚いたのは、１００人ほどいる会場で研修資料を配ったときのことでした。

「自分の分の一部を取ったら、うしろの方に回してくださいね」とお願いしたところ、受講者の皆さんが全員、資料を回す際に身体をうしろに向けつつ、資料に両手を添えて「どうぞ」とていねいに手渡していたのです。

私はその美しい光景を見たとき、「この会社は、社員一人ひとりに教育が行き届いた、とてもすばらしい会社だな」と思わざるを得ませんでした。もちろん実際に会社の業績もよいのです。

両手を添える――たったこれだけのことが、その人の価値を上げ、会社全体の価値を高めることもあるのです。

「前を失礼します」と言っていますか？

「どんな場合でも、相手が誰であっても、前方を横切るときは『前を失礼いたします』とひと言添えてから行動に移しましょう」

これも、私が行う研修で教えていることのひとつです。

レストランやデパートでお化粧室に行って、個室に入るための長い列ができていた経験は、誰でも一度や二度はあると思います。しかも、そのときに限って個室を使用するのではなく、ちょっとしたお化粧直しや手を洗いたいだけのとき、行列を横切って洗面台まで向かわなければならないとしたら？

私は、それがたとえ知らない人たちの行列であったとしても、やはり「前を失礼いたします」とニッコリ笑って列を割っていくようにしています。

映画館で中座するときやセミナーで奥の席に座るときも、誰かの前を通るなら必ずひと声かけるようにします。

「前を失礼いたします」というひと言は、相手を思いやる心から出る言葉。

黙ってスッと前を横切られるより、ひと言添えてさわやかに立ち去っていく女性がいたら「さりげない気遣いが素敵だな」と思いませんか？

「前を失礼いたします」を省略せずに言えるかどうか。そこが「売れる私」とそうでない人のボーダーラインになります。

もしもあなたが接客業でないとしても、ちょっとくだけた業界にいるとしても、周りがそれほど所作に気をつけていない中で礼儀正しくいられれば、突き抜けた人になるのではないでしょうか？

何かを手渡すときは「片手」ではなく「両手」で。
声をかけられたときは、身体ごと向けて対応し、
相手を思いやるひと言を添える。
そんな心の余裕が、あなたの素敵さに磨きをかける。

おじぎ2・0は、90度×3回

さまざまなシーンで欠かせないマナーのひとつの「おじぎ」。ところが、「おじぎの効果について、それほど深く考えたことがない」という人がほとんどかもしれません。

しかし、「イニシアティブをとるおじぎ」の仕方さえ身につければ、「売れる私」になることができるのです。

私はそもそも、おじぎには次の3つの意味が含まれていると思っています。

ひとつは「認知」。これは接客業で言えば「ああ、○○さんがいらっしゃってくださったんだな」というように、相手に対する認知の意味です。

2つめは、「感謝」。「数あるお店の中から私どものお店にお越しくださったこと、本当にありがたく存じます」という意味です。

最後は、「敬意」。「貴重なご縁を大切にさせていただきます」という、相手への尊敬の意味です。

この「認知」「感謝」「敬意」という3つの意味をこめておじぎをするならば、頭を多少下げただけでは足りないはず。だから私はセミナーなどで「90度でおじぎをしましょう」と伝えるようにしているのです。

90度×3回のおじぎが示す「相手への感謝の心」

さらに、より相手に強い印象を残したいなら、「90度×3回」の心のこもったおじぎをすることをおすすめします。

お店でたとえると、1度目は、お店にいらっしゃったときに「ようこそ、お待ち申し上げておりました」。2度目は「ご来店に対し、心より感謝申し上げます」。3度目は、「またのお越しを心よりお待ち申し上げます」。それぞれ気持ちを言葉でていねいにハッキリとお伝えしたあと、ゆっくりと90度のおじぎをするようにします。

今どきは、多くの人はファストフードやコンビニなどで「こんにちは」「いらっしゃいませ」といったカジュアルな挨拶やおじぎを見聞きし慣れている分、90度で3度もていねいにおじぎをすることでも相手へのインパクトは相当なもの。「そこまで自分のことを想ってくれるのか」と感激してくださるはずです。

私自身、すでに何度もお目にかかっている相手でも、ていねいなおじぎは欠かさないようにしています。

親しくはなっても、慣れ合いの関係にはならないよう、「認知」「感謝」「敬意」の気持ちをこめて毎回、90度のおじぎをしているのです。

「90度のおじぎなんて自信ない！」という方は鏡の前で練習してみてください。

「認知」「感謝」「敬意」という
おじぎの持つ意味を考えると、
自然と相手に深々と頭を下げられるようになる。

立ち姿、座り姿で突き抜ける

「立ち姿」や「座り姿」に関しても、その人の働き方や生き方はにじみ出てしまいます。

「立っている姿なんて、誰も気にしていないような……」

「座り方なんて、どの人もそう変わらないのでは？」

と思いますか？

ところが、実際に座ったときの所作だけで、「この人にまた会いたい」「この人と一緒に仕事をしたい」と相手の心を動かし、ビジネスチャンスをつかんだケースだってあるのです。

座り姿の美しさがチャンスを呼ぶこともある

知り合いの講師の方から、こんなお話をうかがいました。

その方は電車で空席に座るとき、たとえ隣りが知らない人であっても必ず「失礼いたします」と言い、一礼してから座ることを習慣にしています。さらに座ってからも背もたれにベタッと寄りかかるのではなく、姿勢を正したまま浅く腰掛け、足は斜めに揃えてスッと控えめにしているとのこと。

あるとき、いつものとおり座ったところ、彼女の隣の席が空き、空いた場所に見知らぬ男性が座りました。そして彼女に向かって「すみません、私はこういう者ですが」と、名刺を差し出してていねいにご挨拶されました。

名刺には、誰もが知っている企業の名前と社長の肩書きが書いてあり、続けて「大変恐れ入りますが、お仕事は何をなさっているのでしょう？　もしよろしければ、お話をお聞かせ願えませんでしょうか」と、最終的には男性の会社で働く社員を対象にした、接遇の教育の講師という名誉な仕事をお願いされたそうです。

その男性が彼女に仕事を依頼したのは、座り姿に圧倒的な美しさと品格を感じ取ったからにほかなりません。

座り姿ひとつに、「うちの社員にも、こんなふうになってほしい」「こういう人なら社員教育をまかせられる」と確信させるほどのパワーが満ちあふれていたのです。

「売れる私」をイメージして立ってみる

立ち姿についても、相手を魅了するほど美しいほうが断然お得に決まっています。

ですから、立ち姿を今すぐ美しく変えることができる簡単なトレーニング方法もあります。これは私が自分自身が講師を務める研修で行っていることです。

まず、あなた自身が思う「売れる私」をイメージしてください。表情はどうですか？　目の輝きはどうですか？　話し方はどうですか？……そんなふうに、できるだけ細かくいろいろ想像してみてください。

肝心なのはここから。

その人が、どんな姿勢で立っているか想像してください。

自信にあふれ、胸を張って肩甲骨を引き、凛とした雰囲気で立っていませんか？

誰もが振り返るほどの姿勢のよさでスックと立っていませんか？

そうやって美しい立ち姿がイメージできたら、実際にあなたもその人を装ってみてください。はじめは「形」から入ることが大事です。

そうしているうちに、必ず「売れる私」になれるのです。

立ち姿や座り姿などの所作が圧倒的に美しい人は、
まわりを見渡してもまだほんのひと握り。
だからこそ、今日から意識するだけで、
あなたは誰よりも目立つ存在になれる。

1

Yukiyo's Album

3

2

5

4

7

6

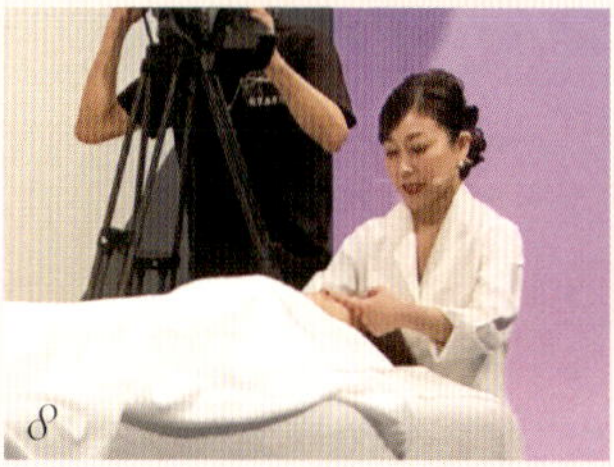

8

9

10

1.梅田蔦屋書店《うめだつたやしょてん》にてトークショー。2.宣材写真を撮影中。3.メーキャップアーティストの友人が撮ってくれました。4.クライアント様と接客のロールプレイング。5.シャンパーニュ騎士団パーティーにて。6.毎年恒例の誕生日パーティー。7.「魔法のコーチングシート」の講義中。8.日本最大の国際ビューティー見本市メインステージに登壇。9.初出版記念パーティー。10.屋形船ツアー企画にて。

おわりに　しくじり先生だった私

ここまで、「売れる私」についてお伝えしてまいりました。

大切なのは、「何を」売るかではなく、「誰が」売るかということがおわかりいただけましたでしょうか？

つまり、結局は「人間力」なのです。

「人間力」は今まで述べてきたとおり、心がけや習慣で身につけられます。

……と申したものの、私も、以前はそれがまったくわからず、失敗を経験しました。

「はじめに」で触れましたが、私は独立前、美容関連の会社に25年間勤務していました。まずはエステティシャンからスタートし、売り上げをどんどん上げて、入社3年目で店長に昇格しました。

その後、月間売上１０００万円～２０００万円を5年間キープ。ここで「こうやったら売り上げが上がる」というメソッドをハッキリと持つことができました。

しかし、「若いからといって、なめられたくない」と思い込んでいた私は、結果を出せない部下に、まるで重箱の隅をつつくように厳しい指導をしていました。今思うと、本当にイヤな人間でした。

当然、部下の退社が後を絶ちません。

「この子こそは」と思った人も辞めてしまい、「売り上げを上げているから支持されていると思ったのに」「ノウハウもしっかり教えたのに、なぜ……」と苦悩する日々でした。

5年間を振り返っても、私に誰もついてきていない。新人を採用して、技術を教えて、デビューさせても、みんな辞めてしまう。こんな状態が続き、「売り上げを出し続けるのも疲れてしまった」「私の人生これでいいのかな」と悩みました。

一方、売り上げは出し続けたので、取締役に昇進し、美顔器メーカー事業部に異動となりました。

その後、自社製品の特許美顔器を日本全国及び世界33か国に販売したり、アレルギー事業や発毛事業を手掛け、ゼロをイチにする難しさや面白さを経験していきました。

「売れる私」の秘訣は、人気サロンの共通点からわかった

これらの事業経験のおかげで、売り上げが伸び悩んでいるサロン、人気のサロンなど、いろいろなサロンと関わらせていただきました。そのうち、人気サロンの共通点を見つけていきました。

それが「人間力」だったのです。

人気サロンには、それにふさわしい人間力を持ったエステティシャンがいました。しかもその人間力はもともと備わっていたわけではなく、人気サロンでは、それが身につく習慣がつくられていたのです。

ああ、そうだったんだ。

私は部下に、できないところだけを指摘していただけで、本当に大切なこと――人間力――を教えていなかった……。

それからは、私は人間力を身につけるための習慣を、徹底して研究し、言語化し

ていきました。

そして、誰もが再現できるような形をつくっていきました。美容業界だけでなく、どなたにも通用するものです。

その内容を、今回の本にすべて詰め込みました。

ものよりも、「思い」が大切

美容業界にいるおかげでしょうか、いろんな方に、「美肌の秘訣はなんですか？」「どんな化粧品を使ってますか？」などと愛用品をしょっちゅう聞かれます。

でもじつは「何」を使うかには、あまり興味がありません。

それよりもやっぱり、「思い」なのです。

そのコスメ１本に、成分よりも、作り手のどんな思いやこだわりがこめられているのかのほうが大事だと思っています。

そして、クリームをていねいに思いをこめて肌に塗ったり、愛情をもってメイクすることが大切なのです。

たとえばエステティシャンがいくら技術に自信があっても、お客様に対応している　ときに、内心「今日二日酔いだー」とか「早く帰りたいな」なんて思っていたらどうでしょうか。

そのような「なんとなく仕事をしている人」が、はたして「売れる私」になるでしょうか？　お客様や取引先への吸引力を発揮することができるでしょうか？

マッサージに限らず、ほかのコンテンツでも製品でもサービスでも、作り手や提供者のどんな思いが込められているかが、運命の分かれ道となるのです。

お客様に提供するものやサービスに、「愛」をこめられるかどうか――つまりは「人間力」です。

買う人もハッピー、売る人もハッピー

あるとき、契約がなかなかとれないエステティシャンの方がいらっしゃいました。

しかし、私が、この本に書いたようなお話や指導をさせていただいたあと、その方の契約率は98％にまでなりました。

その方は、どうしたら目の前のお客様が楽しくワクワクしてくださるか「それだけを、ずっと考えるようになった」とおっしゃいました。

そのために、自ら「今を楽しむ」ことを意識するようになったというのです。

そこで私は「私のお伝えしたことの中でいちばん心に響き、行動を変えるきっかけになったものはなんだったか教えていただけますか?」と質問しました。

すると彼女は「『ご縁に心から感謝する』ことです」、そして、

「お客様はたくさんあるエステサロンの中から私どものサロンを選んでくださった。そのうえ、たくさんいるスタッフの中で私が担当させていただいた。この奇跡のご縁を大切にしたい。感謝したい。このお客様をなにがなんでもハッピーにして差し上げたい。そう思うようになれました」と話してくれました。

想像以上の彼女の回答に感動しました。


このように、「売れる私が増える」ということは、それだけ幸せになる人が増えるということなのです。買う人もハッピー、売る人もハッピーなのです。

ここにたどり着くまでに、いろいろありましたが、2018年春、私の使命は「皆

平等に無限の可能性がある。すべては自分自身の心が決める」——これを発信することだったんだと確信し、そのことを興奮して母親代わりの叔母に泣きながら話しました。

イヤな思いも、つらい思いも、悲しい思いも、怒りも、すべては「自分自身がつくっている」。

起きている現象は変わらない。

自分がどうとらえるか次第なのです。

本書で触れましたように、喜怒哀楽はあってよいのです。

ただし、「怒」と「哀」に長い時間浸らない。

そのためには少しでも早く「よかった探し」をすることです。

そうして自らがご機嫌で毎日を送り、感謝し、目の前の方をどうしたらハッピーにできるのかを考えるのです。

このことを、日本中の皆さんができるようになったら、日本の国の力になると、本気でそう思っています。